ग्रामीण भारत का परिदृश्य

लेखक
सुनील कुमार तंतुवाय

KAVYA
PUBLICATIONS

Publisher:

SDR INNOWAYS INDIA PVT. LTD.
667, Rajaward, Kulpahar, Mahoba - 210426

Imprint:
KAVYA PUBLICATIONS
Plot No.107C, Hanuman Khand, Gulabvatika, Behta Hazipur, Loni-UP (Near Dilshad Garden Delhi) NCR -201102

Mob. : 7905266820
Website : www.kavyapublications.com
E-Mail : info@kavyapublications.com

ISBN : 978-93-6431-502-9
Price : 399/-INR
Year : 2025

This book is printed at MTL and published by author Ajay Agrawal, CEO of SDR Innoways India Pvt. Ltd. Kulpahar Mahoba with its imprint and centre, Kavya Publications Delhi.

ग्रामीण भारत का परिदृश्य

लेखक – सुनील कुमार तंतुवाय

प्रस्तावना :-

हमारा देश, ग्रामीण क्षेत्रों की बसाहट में निवास करता है, जिसमें वर्तमान केन्द्र सरकार व राज्य सरकार द्वारा संपूर्ण समाज के विकास में कई योजना ग्रामीण भारत में, मानव समाज को विकसित करने हेतु, सुविधा मुहैया कराने का अनुकरणीय व सराहनीय प्रयास किया है। जिससे वास्तव में, ग्रामीण अंचल में छोटे गाँव, मजरे, टोले व पहाड़ी क्षेत्रों में, समाज के विकास करने हेतु उपयुक्त व अनुकूलित वातावरण करने का उत्तम प्रयास किया है, किन्तु ग्रामीण के कुछ तबके वर्तमान समाज की मुख्य धारा से नहीं जुड़े हुए है और समाज में पूर्ण शिक्षा का आगाज नहीं हुआ है। इसको सम्पूर्ण क्रान्ति में लाने के लिए, समाज के सभी वर्गों को विकसित होने की महती आवश्यकता है। जिसमें समाज में, शिक्षाविदों, समाज सुधारकों एवं बुनियादी सुविधा के अनुरूप सकारात्मक पहल के साथ आदर्श समाज का संकल्प पूर्ण हो सके।

ग्रामीण भारत की स्थिति का चित्रण :-

प्राय: गांवों में देखा जा रहा है कि वर्तमान में शिक्षा के प्रति जागरूकता की आहट दिखाई दी है। जिससे समाज के नागरिकों को जागृत होने के अंशों की झलक दिखती है। समाज के सभी वर्गों में प्राथमिक शिक्षा के प्रति काफी बदलाव की स्थिति मुझे प्रतीत होती है । माध्यमिक स्तर की शिक्षा में गांवों पर विद्यार्थियों का शिक्षा स्तर में वृद्धि हुई है।

कुछ लोग कुटीर उद्योग, व्यवसाय तथा व्यक्तिगत धंधे व मजदूरी करने के लिए अपना मार्ग प्रशस्त करते है और जीविका उपार्जन का संचालन करते है। जिसमें मजदूर वर्ग फुटकर मजदूरी कर नाम

मात्र राशि ही अर्जित कर पाता है।जिनसे उनके परिवार के उदरपोषण में बहुधा कठिनाई होती है। भारत एक कृषि प्रधान देश है जिसमें गांव में सीमांत किसानों की संख्या नाममात्र होती है और लघु किसान अधिकतम पाए जाते है और अपने खेतों में कार्य कर अर्ध बेरोजगारी का दंश झेलते रहते है।

मैने यह परिकलन किया कि, किसानों द्वारा जितनी लागत कृषि उत्पादन पर लगाई जाती है उसे उतने मूल्य का अनाज प्राप्त नहीं हो पाता है। यदि कोई प्राकृतिक या अप्राकृतिक घटना होती है तो पूर्णतः फसल नष्ट हो जाती है जिससे नुकसान का सामना करना पड़ता है और कृषक वर्ग को भरण-पोषण में अनेकों कठिनाइयों का सामना करना पड़ता है। जिससे अपने बच्चों को उच्च स्तर की समुचित शिक्षा देने में असमर्थ रहते है। जिससे ग्रामीण अंचल में शिक्षा का माध्यमिक व उच्च स्तर अभी भी कमतर रहता है। साथ में यह भी देखने को मिलता की सभी वर्गों को बुनियादी सुविधा की उपलब्धता नहीं है।

कुछ लोग जो बिरली या बिखरी बस्तियों में निवास करते है अपने हितों के प्रति जागरुक नहीं है अर्थात मजदूरी या अन्य कार्य करते है। अपनी मजदूरी की व अन्य कार्य से अर्जित आय को अधिकतम भाग नशीले पदार्थों के सेवन करने में व्यय करने की संभावना की झलक मिलती है जिससे परिवार में पत्नी व बच्चों के पालन पोषण व परवरिश में बाधा उत्पन्न होती है। जिससे परिवार तहस- नहस होते हुए भी देखे गए है। इतना तक कि कई परिवारों के संबंध विच्छेद हुए है।

इसका मुख्य उद्देश्य यह है कि समाज का वास्तविक चित्रण प्रस्तुत कर वास्तविक स्थिति को उजागर कर समाज की बुनियादी सुविधाएं के प्रति समाज को जागृत करने की ओर आकृष्ट करना ताकि समाज को गतिशील बनाया जा सके।

विषयसूची

अध्याय – 1

भारतीय ग्रामीण संरचना

ग्रामीण शब्द की उत्पत्ति :-

"ग्रामीण" शब्द का प्रयोग भारत में वैदिक कालों से मिलता है, जब से भारत में गांवों में रहने का सिद्धान्त प्रतिपादित हुआ। "ग्रामणी" शब्द का प्रयोग वैदिक काल में गांवों के मुखिया के लिए किया जाता था।

"ग्रामीण" शब्द की उत्पत्ति का सिद्धान्त संस्कृत भाषा के मूल शब्द ग्राम्य से है, जिसका अर्थ गांव या ग्राम है। ग्राम में इन "प्रत्यय" को जोड़कर ग्रामीण " शब्द को विशेषण बनाया गया है।

ग्रामीण या गांव क्या है ?

यों की ओर अग्रसर होते है जिसमें सामुदायिक भावना का अभाव रहता है।

- ग्रामीण का अर्थ: -
- छोटा या ग्रामीण समूह या इलाकों से होता है। ।

ग्रामीण शब्द से तात्पर्य :-

गांव, ग्राम व देहात स ऐसा जन समुदाय जो परस्पर एक दूसरे से जुड़े होते है, उसे ग्रामीण समाज कहते है। लेकिन शहर में लोग एक दूसरे से नहीं जुड़े होते है, ये व्यक्तिगत रूप से अपना सर्वांगीण विकास के लिए अग्रसर होते है जिसे शहरी समाज कहा जाता है जबकि ग्रामीण में लोग एक दूसरे के कार्यों में सहयोगात्मक रूप से संलिप्त होते है। जिससे ग्रामीण समाज में सामुदायिक भावना रहती है। जबकि शहरी क्षेत्रवासी अपनी व्यक्तिगत इकाइे होता हैं।

दूसरे शब्दों में, शहरी क्षेत्र से कम आबादी वाले क्षेत्र को, जिसमें आबादी 2500 से कम जन संख्या रहती है उसे ग्रामीण या गांव कहते हैं।

ग्रामीण या गांव का समाज :-

ग्रामीण या गाँव में रहने वाले लोगों के समूह को समाज कहते है। जो परस्पर एक दूसरे से अपने कार्यों के विचारों के प्रति सहमत होते हैं, जिसमें अंत: क्रियाएं निहित रहती हैं ।

ग्रामीण क्षेत्र या गांव के समाज में विभिन्न जाति समूह के लोग रहते हैं, जिसमें विविध आधार पर अपना जीवन यापन करते हैं। गांव या ग्रामीण की संरचना, पेयजल व्यवस्था, यातायात व्यवस्था, स्वास्थ्य सुविधा, शिक्षा की बुनियादी सुविधाओं में विविधता पाई जाती है। उनके व्यवसाय मुख्यतः पृथक- पृथक होते है– जैसे कृषि, पशुपालन, मत्स्य पालन, मजदूरी करना व शासकीय या निजी क्षेत्रों में सेवारत होना।

अध्याय - 2

जाति के आधार पर सामाजिक विभाजन

भारतीय ग्रामीण समाज में जाति समूह के आधार पर विभाजन विविध स्तरों पर देखने को मिलता है। यह विभाजन सामाजिक, आर्थिक, राजनैतिक, सांस्कृतिक, धार्मिक, पारम्परिक रीति – रिवाजों और बुनियादी सुविधाओं के आधार पर विभिन्न जाति समूहों में बट जाता है। ग्रामीण समाज में जाति समूह के अनुसार अलग- अलग सुविधा, अवसर, अधिकार मिलता है जिसके कारण समाज में वर्ग विभाजन हो जाता है। ग्रामीण क्षेत्र में, इस प्रकार की स्थिति को वर्ग विभाजन कहा जाता है। कुछ जाति समूह को उच्च वर्ग जाति समूह कहा जाता है और कुछ जाति समूह को निम्न वर्ग जाति समूह कहा जाता है।

सामाजिक स्थिति :– ग्रामीण समाज में जाति के आधार पर विभिन्न असमानता की स्थिति बनती है, जिसका विस्तृत विवरण इस प्रकार –

समाजिक भेदभाव :- ग्रामीण अंचल में, आज भी जाति के आधार पर सामाजिक भेदभाव की स्थिति व्याप्त है जिसके कारण समाज में ध्रुवीकरण एवं अलगाव की संभावना बढ़ जाती है और कहीं–कहीं जाति वर्ग समूह में विषम सामाजिक स्थिति निर्मित होती है। जिससे समाज में तनाव व संघर्ष जन्म लेता है और समाज विकृत रूप में परिणित हो जाता है।

भारतीय धर्म ग्रन्थ में रामायण के अनुसार भेदभाव भी नहीं :-

जबकि भारतीय धर्म ग्रन्थ के अनुसार:-पाठकों यहां पर मैं, भक्ति सम्राट बाबा गोस्वामी तुलसीदास जी की सर्वोत्तम कृति रामचरित्र मानस ग्रन्थ के अरण्य कांड में वर्णित अनुसार कथा का संक्षेप का वर्णन कर अपनी बात को कहना चाहूंगा यहां परम ब्रह्म परमेश्वर श्री रामचंद्र जी से

आशय भगवान श्री राम से जिन्होने माता शबरी के आश्रम में पधारे, तब माता शबरी, जो प्रभु श्री राम जी की अनन्य भक्त थी। अपने ईश्वर के वात्सल्य से ओत-प्रोत प्रेम रस से अनुरक्त होकर माता शबरी ने जंगल में परमात्मा के लिए जूठे बेर चखकर रखे हुई थी कि मेरे परमात्मा श्री राम आयेंगे। उन्हें, वह फल खिलाएगी? जो प्रेम और भक्ति का अनूठा संगम है। उन्हें प्रेम रूपी बेर परोसा जाता है और माता शबरी के जूठे बेर खाकर प्रभु श्री राम ने आनंद की अनुभूति प्राप्त की और भारतीय मानव समाज में उदाहरण प्रस्तुत किया कि कोई भी जाति के समूह के साथ भेद नहीं करना चाहिए क्योंकि माता शबरी भील जाति से सम्बन्ध रखती थी। परमात्मा ने जाति विशेष से भेद भाव नहीं किया तो जनमानस को क्या जाति विशेष के साथ भेदभाव करना उचित है ? जब परमात्मा ने जो सृष्टि का सृजन किया है, उसने असमानता नहीं की तो क्या हमें असमानता करने की क्या जरूरत है क्यों किसी का अपमान करें।

इस संवेगात्मक कहानी से असमानता रूपी बीमारी को, जिनकी रूढ़िवादी मानसिक विचार धारा है उसको जड़ से उखाड़ फेंकने का सुनहरा और अच्छा मौका है। जब भारतीय धर्म के सातवें ईश्वर के रूप में पृथ्वी में अवतरित हुए और समस्त मानव जाति को भेदभाव व रूढ़िवादी विचारधारा से मुक्त करने हेतु माता शबरी के जूठे बेर श्री राम ने खाकर, समाज में समरसता, सद्भावना, नारी सम्मान और राष्ट्रीय अखंडता के भाव इस प्रसंग से केंद्रित किया है और बाबा गोस्वामी तुलसीदास जी की यह कृति समाज को सीख देती है कि मानव के मध्य समानता होनी चाहिए न कि भेद भाव के बीज समाज में अधिरोपित करना चाहिए। "जब परमात्मा का संदेश "समाज में सद्भाव व्यक्त करता है तो हमें क्यों नहीं सद्भाव व्यक्त करना चाहिए। इसीलिए यह उदाहरण समाज को समानता, समरसता, एकरूपता न्यायदर्शन, व नारी सम्मान को केंद्रित करता है।

प्रेरक प्रसंग 2

भारतीय धर्म ग्रन्थ भागवत के अनुसार भेद भाव नहीं:-

भारतीय संस्कृति में धर्म की मान्यताओं के आधार पर ग्रन्थों में वर्णित अनुसार **वसुधैव कुटुंबकम्**" का सिद्धान्त समाज में प्राचीन भारतीय दर्शन में एक महत्वपूर्ण सिद्धांत है जो मानव जाति को एक व्यापक परिवार के रूप में देखता है ।जहां सभी मानव एक दूसरे से परस्पर जुड़े होते है और एक दूसरे की भलाई के लिए समाज में जिम्मेदार होते हैं।

हमारी भारत की धरा "**वसुधैव कुटुंबकम्**" को मानती है जिसका अर्थ" सारा विश्व एक परिवार" है।

"वसुधैव" का अर्थ यह "धरती" या पूरी"पृथ्वी से कहलाता है। "कुटुंबकम्" का अर्थ है "परिवार" से हमारी भारतीय संस्कृति में यह सिखाया जाता है कि पृथ्वी ही हमारा परिवार है और यह सिद्धांत भारत का जी 20 (जी- ट्वेंटी) शिखर सम्मेलन में भारत के वैश्विक दृष्टिकोण को व्यक्त करता है जिसमें हमारे भारत के समाज सुधारकों ने पूरी दुनिया के लोगों के साथ सहानुभूति सम्मान और स्नेह, समरसता, सद्भावना आदि को केंद्रित करता है किंतु ग्रामीण अंचलों में जाति समूह के साथ भेद भाव करना क्या उचित है? जबकि भारतीय संस्कृति की जीवन शैली व विचारधारा विश्व बंधुत्व को स्थापित करने में पूरे विश्व का ध्यान केन्द्रित किया है।

जब भारतीय ग्रन्थ संस्कृति के महान वाहक जो धर्म और आस्था का प्रतिबिंब है कि समाज को भेदभाव रहित करने के लिए समर्थित परमात्मा है तो क्या सामान्य जन मानस को समाज के प्रति ऊंच-नीच का भेद भाव के बीज तैयार कर आज भी इसे जीवित रखना क्या उचित है? जबकि

हमारी भारतीय संस्कृति और परंपरा में कही भी यह उल्लेखित प्रतीत नहीं होता है।

मानव–मानव और जाति-पाती, ऊंच-नीच के नाम में भेदभाव और सामाजिक असमनता क्यों?

मैं, ग्रामीण समाज के परिदृश्य में समाज के समस्त सम्मानित जनों से अपने निजी विचार साझा करना चाहता हूं –

कुछ मेरे मन मस्तिष्क में तैर रहे प्रश्नों पर विचार करने की आवश्यकता हो सकती है स्वतंत्रता प्राप्ति के 78वर्षों के पश्चात् भी भारत के ग्रामीण क्षेत्रों में, मैने प्रत्यक्ष रूप से नहीं पर अप्रत्यक्ष रूप से असमानता की स्थिति समाज में रूढ़िवादी मानसिकता ने जो सदियों से समाज को विकृत किया है जो आज भी मानव में श्रेष्ठ और निम्न होने का चोला लिए है और समाज में लच्छेदार भाषा शैली से श्रेष्ठता और निम्नता की बात करते है, उनसे मैं विनम्रता पूर्वक कुछ चर्चा करना चाहता हूं :-

1. **ऐसा व्यक्ति, जिसने आपके पैरों को सुंदर व आकर्षक बनाने के लिए पैरों का कवच तैयार कर आपके पैरों को सुरक्षित करने का कार्य किया। जिसे आप धारण कर समाज में अपनी शान-शौकत का गहना समझते है। क्या ऐसा मानव असमान या निम्न होने का पात्र है? नहीं, जबकि वह एक कुशल शिल्पकार, डिजाइनर, इंजीनियर कहे तो गलत नहीं होगा। क्योंकि उसने समाज के विकास में योगदान दिया है ।**

2. **ऐसा मानव जिसने आपको अप्रैल मई में “धूप के प्रचण्ड थपेड़े व लू, आंधी, तूफान, बरसात से बचाने वाला, प्रचंड ठंड के प्रकोप से जो शून्य डिग्री पारा में भी सुरक्षित करने के लिए आपको सुंदर आलीशान महल या मकान बनाने में अपने खून पसीने से सींच कर आपके लिए आवास तैयार किया । फिर वह असमान क्यों?**

3. ऐसा मानव जिसने आपके बदन को ढंकने का आवरण तैयार कर बदन को सुरक्षित किया आपके लिए आदर्श परिधान तैयार किया ।भारतीय संस्कृति की अनूठी पहचान देकर समाज को आदर्श स्थापित करने में योगदान दिया। जबकि आज उसे फैशन डिजाइनर, इंजीनियर, शिल्पकार कहे तो क्या कमतर होगा ?

4. ऐसा व्यक्ति जो समाज द्वारा किए गए गंदे या अस्वच्छ स्थान को स्वच्छ करने में एक अच्छे ईमानदार नागरिक होने का कर्तव्य का निर्वहन कर गली, कूंचे, धार्मिक स्थल, शैक्षणिक संस्थाओं, सामाजिक संस्थाओं में मानव निर्मित द्वारा फैलाई गई अस्वच्छता को साफ कर स्वच्छ करने में संपूर्ण योगदान देता है। ऐसा महामानव जो गंदगी में खुद गंदा होकर आपके स्थलों को साफ सुथरा करता है। क्या ऐसा मानव असमान हो सकता है ? अगर हां तो क्यों? यदि नहीं, तो इसीलिए क्योंकि सम्पूर्ण मानव जाति के द्वारा किए गए कृत्रिम अस्वच्छता को साफ कर समाज के अच्छे स्वास्थ्य, खान- पान, रहन-सहन, आपके सामाजिक स्तर बढ़ाने में अपना योगदान देता है इसलिए वह समाज से सम्मान, सद्भाव, समरसता आदि का भाव चाहता है जिसे समाज के सभी वर्ग को अच्छे संबंधों को स्थापित करने की आवश्यकता होगी।

5. ऐसा मनुष्य जो आपके मैले – कुचैले, गंदे वस्त्रों को साफ कर समाज के रहन सहन को और आपके परिधान को स्वच्छ रखकर आपका मान बढ़ाता है। क्या ऐसा जीव या मानव वह अपने हक के लिए असमान क्यों हैं ?

6. ऐसा मानव या मनुष्य जो अपने खून-पसीने से सींच कर, कड़ी मेहनत कर, आपके जीवन को प्रगतिशील व जीवन

स्तर को सर्वोत्तम करने में अपना संपूर्ण न्यौछावर कर देता है। क्या ऐसा मनुष्य समाज के लिए असमान हो सकता है? ऐसा मनुष्य अगर फावड़ा रोक दे तो आपका आलीशान भव्य मकान बन नहीं सकता, खेतों का कार्य नहीं हो सकता तथा देश की प्रगति का विकास अवरुद्ध हो जाएगा और प्रगतिशील देश की अवनति होना निश्चय हो जाएगा, जो समाज के लिए विचारणीय या अनुकूलन करने की आवश्यकता है ।ऐसा मानव जो आपके खेतों , मकानों को या अन्य कार्य स्थलों में कार्य करने हेतु लोहे के औजारों का निर्माण करता है। वह क्या सम्मान की पात्रता का हकदार नहीं है? जो व्यक्ति देश की रक्षा के लिए इस्तेमाल में आने वाले महत्वपूर्ण औजारों का निर्माण करता था, जो व्यक्ति घरों की सुरक्षा के लिए मजबूत दरवाजे का निर्माण करता हो ऐसा मानव क्या कभी असमान हो सकता है ?

7. ऐसा मानव जो आपकी इमारतों को सुंदर दिखने के लिए अपनी कला से लकड़ी से तैयार कर उपयोगी सामग्री का निर्माण कर आपकी विलासिता को स्थापित कर शान शौकत बनाता है। क्या वह असमान हो सकता है? जब कि ऐसी उपयोगी सामग्री को सर्वमान्य समाज ने कला स्थापत्य का केंद्र मानता है।

8. ऐसा मनुष्य जो अनादिकाल से आपके जीवन रक्षक का कार्य किया जिसने मिट्टी के समस्त प्रकार के रसोई में आवश्यक बर्तनों को तैयार कर समाज के सभी वर्गों को सुविधा प्रदान की तथा शीतल जल रखने हेतु घड़ा तैयार किया स्वच्छ जल को संरक्षित स्वास्थ्य में सहायक हुआ । क्या ऐसा मनुष्य असमान हो सकता है ? जबकि ऐसा समूह आज भी मानव के

लिए दैनिक अवश्यक वस्तुओं को तैयार कर समाज के निर्माण में अहम भूमिका का निर्वहन करता है

9. **ऐसा वर्ग समूह जो मानव जीवन की मुख्य भोजन व्यवस्था करने में योगदान देता है और अपने खून-पसीने को सींचकर कर अनाज उत्पादन करता है । समाज का उदर – पोषण कर रक्षक के रूप में, मानव जीवन के लिए समाज के निर्माण में अग्रणी भूमिका निभाता है। क्या ऐसे व्यक्ति या समूह को निम्न कहा जाना न्याय संगत होगा ? क्या ऐसा मानव असमान हो सकता है ?**

10. **ऐसा मनुष्य जो जंगली, पहाड़ी, बिखरी बस्तियों में रहकर जल, जंगल, जमीन, पर्यावरण व भारतीय संस्कृति को संरक्षित कर समाज निर्माण में अकल्पनीय योगदान देता है। क्या ऐसा मनुष्य सम्मान का हकदार नहीं।** नहीं, जबकि मित्रों ऐसे व्यक्तियों को समाज में आसमान दृष्टि से आंकना या उसके प्रति असमानता रखना, भेदभाव करना, उसके हकों, अधिकारों, अवसरों व ज्ञान से दूर रखना उसके जीवन के साथ खिलवाड़ करना। क्या यह आपका नैतिक, समता, संपन्नता या आदर्शवादिता का प्रतीक है? उक्त विषय को दृष्टिगत रखते हुए यदि इन व्यक्ति समूह के द्वारा कार्य को करने से रोक दिया जाय तो समाज का विकास अवरुद्ध होगा।समाज को असुरक्षित होने से कोई नहीं बचा सकता है।जबकि हमारे देश की सरकार भारतीय संविधान में लोगों के साथ किसी भी प्रकार का भेद भाव करना दण्डनीय माना है। इस प्रकार की धारणा समाज के विकास में बाधक है।

समाजिक भेदभाव को समाप्त करने हेतु विचारकों के अभिमत:-

इस प्रकार सभी मानव जाति वर्ग समूह के साथ, "विश्व बंधुत्व" कि विचारधारा में चोट पहुंचती है। जिससे उच्च वर्ग और निम्न वर्ग के मध्य

खाई पाटने के स्थान में, इस विचारधारा में प्रतिकूल असर पड़ रहा है। इस प्रकार ऊंच-नीच के भेदभाव कैसे समाप्त करें ?

इसमें समाज सुधारकों व महापुरुषों के विचारों के अंशों की झलक इस प्रकार है:-

महात्मा गाँधी के समाजिक भेदभाव मतः-

राष्ट्रपिता महात्मा गाँधी समाजिक भेदभाव के सख्त विरोधी थे। समाज में ऊंच-नीच और जाति भेदभाव के खिलाफ रहते थे। समाज की जो मुख्य बुराई जैसे– असमानता, रूढ़िवादिता और कुरीतियों के विरुद्ध खुलकर आवाज उठाई। समग्र समाज के उत्थान के लिए कार्य किया।

I. समाज में असमानता के विरोधी गाँधीः-

राष्ट्र पिता महात्मा गाँधी जी समाज में फैली व्यापक बुराई में असमानता को एक जहर की तरह मानते थे जो समाज में व्यापक रूप से प्रभावी था, इसकी जड़े अत्यंत गहरी थी। जिसमें उसके वास्तविक हकों से वंचित रखा जाता था ।आज भी व्यापक पैमाने में सामाजिक असमानता तो पूर्ण रूप से दर्शित नहीं होती है किंतु आज भी ग्रामीण क्षेत्रों में इसके अंशों के दर्शन मिलते है ।

महात्मा जी ने कहा था कि- समाज में दलितों के साथ हो रही भेदभाव समस्या अत्यंत ज्वलंत व हृदय विदारक कर देने वाली घटनाएं है।

इसीलिए उन्होंने दलितों को "हरिजन" शब्द कहकर संबोधित किया था, उनका विचार था कि समस्त जाति वर्ग समूह "भगवान के लोग" हैं। इनके साथ समाजिक भेदभाव करना समाजिक अन्याय का प्रतीक है ।

II. जाति व्यवस्था के विरुद्ध :-

गाँधी जी कहते थे कि जाति का विभाजन जन्म के आधार पर नहीं, कर्म के आधार पर होना चाहिए। इस प्रकार की जाति व्यवस्था समाज के लिए अधिक उपयोगी होगी। किंतु, उनका कहना था किसी भी जाति वर्ग समूह के साथ भेदभाव, असमानता ,अवसरों को उपलब्ध न कराना सामाजिक अन्याय है।

III. अस्पृश्यता का विरोध :-

गांधी जी अस्पृश्यता छुआछूत को घोर पाप मानते थे और हिंदू धर्म में यह विकृति देखकर घोर विरोध करते थे। इसके सुधार के लिए अथक प्रयास करते थे।

IV. वर्ण व्यवस्था को स्वाभाविक मानना :-

गांधी जी वर्ण व्यवस्था को एक समाज की स्वाभाविक प्रक्रिया कहते थे किंतु जन्म के आधार पर नहीं लेकिन काम के आधार पर इस व्यवस्था को मानते थे।

V. सर्वोदय का सिद्धान्त :-

गांधी जी के सामाजिक विचार मुख्य रूप से सत्य, अहिंसा, सर्वोदय, स्वराज, और ट्रस्टीशिप पर आधारित थे। वे समाज के सभी वर्गों के विकास, समानता, और शोषण से मुक्ति के समर्थक थे। उन्होंने जातिवाद, छुआछूत, और लैंगिक असमानता के खिलाफ लड़ाई लड़ी और महिलाओं

को सामाजिक, राजनीतिक और आर्थिक क्षेत्रों में भागीदारी के लिए प्रोत्साहित किया था।

सर्वोदय का अर्थ :-

"सर्वोदय" का अर्थ है "सभी का उत्थान"। गांधी जी का मानना था कि उच्च जाति वर्ग समूह के लोग निम्न जाति वर्ग समूह के साथ समन्वय का दृष्टिकोण अपनाना चाहिए। गांधी जी के अनुसार, अमीर लोगों को अपनी संपत्ति का उपयोग समाज की भलाई के लिए करना चाहिए, और वे इसे समाज के ट्रस्टी के रूप में समझे ।

VI. जातिवाद और सामाजिक असमानता के विरोधी :-

गांधी जी ने जातिवाद और सामाजिक भिन्नता के खिलाफ कड़ा विरोध किया और इन सामाजिक बुराइयों को समाप्त करने के लिए संघर्ष किया ।

VII. लैंगिक समानताः-

गांधी जी ने महिलाओं को पुरुषों के समान अधिकार दिए और उन्हें सामाजिक, राजनीतिक और आर्थिक क्षेत्रों में भागीदारी के लिए प्रोत्साहित किया ।

6. ग्रामीण विकास :-

गांधी जी ने गांवों में विकास पर जोर दिया और उन्हें आत्मनिर्भर बनाने के लिए बुनियादी शिक्षा, कृषि और ग्रामीण उद्योगों को बढ़ावा दिया था।

7. स्वच्छता :-

गांधी जी ने स्वच्छता को बहुत महत्व दिया और कहा कि यह स्वतंत्रता से भी अधिक महत्वपूर्ण है।

8. सामाजिक असमानता में "महात्मा गांधी" की नज़र :

सामाजिक असमानता के सवाल पर बोलते हुए गांधी जी ने समाज के विभिन्न वर्गों के बीच जातिगत मतभेदों को खारिज कर दिया। वे छुआछूत या आमतौर पर जाति से बाहर और वर्ण व्यवस्था के खिलाफ थे। गांधी जी का मानना था कि हिंदुओं में आपसी विषमता नहीं होनी चाहिए और समाज में एकात्मकता का भाव व्याप्त होना चाहिए। गाँधी जी न केवल भारत के ग्रामीण क्षेत्रों के लिए वरन् समग्र मानव सभ्यता से अस्पृश्यता व छुआछूत,सामाजिक भेदभाव के विरुद्ध होकर संघर्ष किया ताकि मानव समाज को विकृत होने से बचाया जा सके और नवीन समरसता, सद्भावना, विश्व बंधुत्व,भाईचारा, का संदेश को समाज निर्माण दिया ।

2. जाति व्यवस्था के विपरीत :

उन्होंने जाति व्यवस्था को हिंदू धर्म की समस्याओं का मूल कारण माना। उनके अनुसार, वर्ण व्यवस्था सभी असमानताओं का प्राथमिक कारण है, साथ ही जाति और अस्पृश्यता का स्रोत भी है। अंबेडकर ने एक ऐसी सामाजिकव्यवस्था की वकालत की जिसमें किसी व्यक्ति का दर्जा उसकी योग्यता और उपलब्धियों के आधार पर निर्धारित किया जाता है, और कोई भी व्यक्ति अपने जन्म के कारण महान या असमान नहीं होता है।

"डॉ. भीमराव अंबेडकर का समाजिक भेद भाव पर दृष्टिकोण ":-

डॉ अम्बेडकर जी सामाजिक भेदभाव से अछूते नहीं थे उन्होंने भेदभाव के प्रति अपने विचारों को समाज को जागरूक करने के लिए किया है जिसका विस्तृत विवरण अग्र लिखित है-

1. सामाजिक न्याय का दृष्टिकोण:-

अंबेडकर का सामाजिक न्याय का दृष्टिकोण सभी मनुष्यों की स्वतंत्रता, समानता और भाईचारे को बढ़ावा देता है। एक तर्कवादी और मानवतावादी के रूप में, उन्होंने धर्म की आड़ में मनुष्य द्वारा मनुष्य के किसी भी प्रकार के पाखंड, अन्याय या शोषण की निंदा की। उन्होंने सार्वभौमिक नैतिक सिद्धांतों पर आधारित एक धर्म की वकालत की जिसे सभी समय, स्थानों और जातियों पर लागू किया जा सकता है। इसे तर्क का पालन करना चाहिए और स्वतंत्रता, समानता और बंधुत्व के मूल सिद्धांतों पर आधारित होना चाहिए।

2. जाति व्यवस्था के विपरीत :

उन्होंने जाति व्यवस्था को हिंदू धर्म की समस्याओं का मूल कारण माना। उनके अनुसार, वर्ण व्यवस्था सभी असमानताओं का प्राथमिक कारण है, साथ ही जाति और अस्पृश्यता का स्रोत भी है। अंबेडकर ने एक ऐसी सामाजिकव्यवस्था की वकालत की जिसमें किसी व्यक्ति का दर्जा उसकी योग्यता और उपलब्धियों के आधार पर निर्धारित किया जाता है, और कोई भी व्यक्ति अपने जन्म के कारण महान या असमान नहीं होता है।

उन्होंने देश के वंचित और आर्थिक रूप से शोषित नागरिकों के साथ तरजीही व्यवहार के लिए तर्क दिया। उनकी देखरेख में तैयार किए गए भारतीय संविधान में सभी निवासियों के लिए न्याय, स्वतंत्रता, समानता और बंधुत्व सुनिश्चित करने वाले खंड हैं । इसमें कई ऐसे उपाय भी शामिल हैं जो विभिन्न उद्योगों में उत्पीड़ित लोगों के लिए तरजीही व्यवहार सुनिश्चित करते हैं। भारतीय संविधान का अनुच्छेद 17 अस्पृश्यता को समाप्त करने की घोषणा करता है।

संविधान सभा में संविधान को मंजूरी देने के लिए दिए गए अपने भाषण में अंबेडकर ने कहा था: "मैंने अपना काम पूरा कर लिया है; मेरी इच्छा है कि कल भी सूर्योदय हो। नए भारत को राजनीतिक स्वतंत्रता तो मिल गई है, लेकिन सामाजिक और आर्थिक स्वतंत्रता का सूरज उगना अभी बाकी है।

3. सामाजिक न्याय के लिए डॉ. बी.आर. अंबेडकर के प्रयास :-

उन्होंने अपना जीवन भारत में सामाजिक न्याय और हाशिए पर पड़े समुदायों के सशक्तिकरण के लिए समर्पित सामाजिक न्याय के लिए उनके प्रयास परिवर्तनकारी थे और उन्होंने भारत में हाशिए पर पड़े समुदायों के सशक्तिकरण और मुक्ति की नींव रखी। उनकी विरासत

दुनिया भर में समानता, सामाजिक न्याय और मानवाधिकारों के लिए आंदोलनों को प्रेरित करती रहती है।

इस उद्देश्य की दिशा में उनके द्वारा किये गए कुछ प्रमुख प्रयास और योगदान इस प्रकार हैं:-

4. अस्पृश्यता के खिलाफ अभियान :-

बॉम्बे हाई कोर्ट में वकालत करते हुए उन्होंने अछूतों को शिक्षित करने और उनके उत्थान का प्रयास किया। उनका पहला संगठित प्रयास केंद्रीय संस्था "बहिष्कृत हितकारिणी सभा" की स्थापना करना था, जिसका उद्देश्य शिक्षा, सामाजिक-आर्थिक प्रगति और "बहिष्कृत जातियों" के कल्याण को बढ़ावा देना था, जिन्हें उस समय दलित वर्ग के रूप में भी जाना जाता था। उन्होंने दलित अधिकारों की वकालत करने के लिए मूक नायक, बहिष्कृत भारत और इक्वालिटी जनता सहित कई पत्रिकाओं की स्थापना की।

5. संविधान का प्रारूप तैयार करना :-

संविधान मसौदा समिति के अध्यक्ष के रूप में डॉ. अम्बेडकर ने भारत के संविधान के निर्माण में महत्वपूर्ण भूमिका निभाई। उन्होंने यह सुनिश्चित किया कि संविधान में मौलिक अधिकार, अस्पृश्यता उन्मूलन और सामाजिक रूप से वंचित समूहों के उत्थान के लिए सकारात्मक कार्रवाई के प्रावधान शामिल हों।

6. मंदिर प्रवेश करने में आंदोलन है :-

महामानव डॉ बाबा साहब अम्बेडकर ने दलितों को हिंदू मंदिरों में प्रवेश का अधिकार दिलाने के लिए आंदोलनों का नेतृत्व किया, जो जाति-आधारित भेदभाव के कारण अक्सर उनके लिए वर्जित थे। उनके प्रयासों का उद्देश्य पारंपरिक जातिगत पदानुक्रम को चुनौती देना और सामाजिक समानता को बढ़ावा देना था।

7. श्रम अधिकार और आर्थिक सुधार:-

अम्बेडकर ने श्रम अधिकारों की वकालत की और हाशिए पर पड़े समुदायों की सामाजिक-आर्थिक स्थिति में सुधार के लिए आर्थिक सुधारों की वकालत की। उन्होंने जाति आधारित असमानताओं को दूर करने के लिए भूमि सुधार और आर्थिक सशक्तिकरण की आवश्यकता पर बल दिया।

8. आरक्षण नीति:-

अम्बेडकर ने दलितों और अन्य पिछड़े वर्गों के लिए प्रतिनिधित्व और अवसर सुनिश्चित करने के लिए शिक्षा और सरकारी नौकरियों में आरक्षण नीतियां शुरू करने में महत्वपूर्ण भूमिका निभाई थी। ऐतिहासिक रूप से वंचित समूहों को अवसर प्रदान करने के उद्देश्य से आरक्षण नीतियों के लिए डॉ. अंबेडकर की वकालत आज भी प्रासंगिक है। इन नीतियों का उद्देश्य ऐतिहासिक अन्याय को कम करना और सामाजिक गतिशीलता के अवसर प्रदान करना था।

9. बौद्ध धर्म में धर्मांतरण:-

1956 में, अंबेडकर ने जाति व्यवस्था और हिंदू सामाजिक पदानुक्रम की प्रतीकात्मक अस्वीकृति के रूप में दलितों के बौद्ध धर्म में बड़े पैमाने पर धर्मांतरण का नेतृत्व किया। इस आंदोलन ने सामाजिक समानता और धार्मिक स्वतंत्रता के प्रति उनके दृष्टिकोण को उजागर किया।

10. डॉ. अंबेडकर की सामाजिक न्याय की अवधारणा:

वर्तमान परिदृश्य में प्रासंगिकता डॉ. बी.आर. अंबेडकर की सामाजिक न्याय की अवधारणा कई कारणों से वर्तमान परिदृश्य में अत्यधिक प्रासंगिक बनी हुई है।

11. अनुसूचित जाति व अनुसूचित जनजाति समुदायों का सशक्तिकरण:-

अनुसूचित जाति, अनुसूचित जनजाति और अन्य पिछड़े वर्गों जैसे हाशिए पर पड़े समुदायों की शिक्षा और सशक्तिकरण की वकालत की। सशक्तिकरण के साधन के रूप में शिक्षा पर उनका ध्यान सामाजिक-आर्थिक असमानताओं को दूर करने में महत्वपूर्ण है।

12. विविधता में एकता :-

उन्होंने समावेशी विकास के महत्व पर जोर दिया जिसमें समाज के सभी वर्गों की आकांक्षाएं शामिल हों। आज की विविधतापूर्ण दुनिया में, उनका दृष्टिकोण ऐसी नीतियों और प्रथाओं की मांग करता है जो विविधता को अपनाएं और सामाजिक समावेशन को बढ़ावा दें।

13. मानवाधिकार और सम्मान:-

मौलिक अधिकारों और मानव सम्मान पर उनका जोर सामाजिक बहिष्कार, हाशिए पर पड़े समूहों के खिलाफ हिंसा और बुनियादी अधिकारों के उल्लंघन जैसी समकालीन चुनौतियों के संदर्भ में महत्वपूर्ण है।

14. डॉ अंबेडकर का समाजिक न्याय के प्रति दृष्टिकोण:-

डॉ. अंबेडकर का सामाजिक न्याय के प्रति दृष्टिकोण पहचान और असमानताओं की अंतर्संबंधता को पहचानता है। उनके विचार जाति, लिंग, धर्म और आर्थिक स्थिति के आधार पर भेदभाव के विभिन्न रूपों को संबोधित करने के लिए एक समग्र दृष्टिकोण को प्रेरित करते हैं।

15. प्रासंगिकता:-

सामाजिक अन्याय के खिलाफ उनका संघर्ष और लोकतांत्रिक मूल्यों के लिए उनकी वकालत वैश्विक स्तर पर गूंजती है। सामाजिक न्याय

पर उनके विचार दुनिया भर में मानवाधिकार, समानता और समावेशी विकास पर व्यापक चर्चा में योगदान करते हैं।

निष्कर्ष :-

डॉ. बी.आर. अंबेडकर की सामाजिक न्याय की अवधारणा समकालीन सामाजिक-आर्थिक और राजनीतिक चुनौतियों से निपटने के लिए एक आधारभूत ढांचा प्रदान करती है। उनके दृष्टिकोण को अपनाने से सभी व्यक्तियों के लिए समानता, सम्मान और सशक्तिकरण के प्रति प्रतिबद्धता की आवश्यकता होती है,

जिससे यह सुनिश्चित होता है कि उनकी विरासत एक अधिक न्यायपूर्ण और समावेशी समाज की दिशा में प्रयासों को मार्गदर्शन कर रही है।

3. स्वामी विवेकानन्द :

स्वामी विवेकानंद भेदभाव के खिलाफ थे और उनका मानना था कि समाज में जाति, धर्म, और लिंग के आधार पर किसी भी व्यक्ति को भेद-भाव नहीं किया जाना चाहिए। उन्होंने सभी के लिए समानता और सह-अस्तित्व का समर्थन किया।

स्वामी विवेकानंद के भेदभाव पर विचार:-

1 समानता:-

स्वामी विवेकानंद ने सभी मनुष्यों के लिए समानता की बात कही। उनका मानना था कि सभी व्यक्ति, चाहे उनकी जाति, धर्म या लिंग कुछ भी हो, समान रूप से महत्वपूर्ण हैं। उन्होंने कहा था कि जैसे – पीने का पानी बिना भेदभाव के सबकी प्यास बुझाता है उसका उच्च वर्ग और निम्नवर्ग से कोई लेना देना नहीं होता है ठीक उसी तरह से मानव, को मानव में भेद नहीं करना चाहिए।

2. सह-अस्तित्व:-

उन्होंने दुनिया में सभी धर्मों और संस्कृतियों के बीच सह-अस्तित्व पर जोर दिया। उनका मानना था कि सभी को एक-दूसरे के साथ शांति और सद्भाव से रहना चाहिए।

3. अस्पृश्यता का विरोध:-

स्वामी विवेकानंद ने अस्पृश्यता का कड़ा विरोध किया। उन्होंने इसे एक सामाजिक बुराई बताया और कहा कि सभी को समान अधिकार मिलने चाहिए।

4. नर सेवा ही नारायण सेवा:-

उनका मानना था कि समाज की सेवा करना ही ईश्वर की सेवा करने के समान है। इसलिए, उन्होंने समाज के कमजोर और जरूरतमंद लोगों की सेवा करने पर जोर दिया।

5. भारतीय धर्मनिरपेक्षता:-

स्वामी विवेकानंद ने भारतीय धर्म निरपेक्षता का समर्थन किया, जिसका अर्थ है कि सभी धर्मों को समान रूप से सम्मान देना और किसी भी धर्म को दूसरे पर वरीयता नहीं देना।

6. भेदभाव के खिलाफ आवाज:

उन्होंने भेदभाव के खिलाफ आवाज उठाई और समाज को एक बेहतर और न्यायसंगत बनाने की कोशिश की। इस प्रकार स्वामी जी ने भारतीय संस्कृति व हिंदू धर्म के प्रमुख गहरे विचारकों में से एक है। उन्होंने भारत में ही नहीं विश्व सामाजिक एकता व भारतीय संस्कृति की पहचान दी।

स्वामी विवेकानंद के अनुसार, विभिन्न स्रोतों से निकलने वाली नदियाँ अंततः समुद्र में मिलती हैं, इसी प्रकार, विभिन्न रुचियों और रास्तों से चलने वाले मनुष्य अंततः ईश्वर में ही समा जाते हैं।

एक उदाहरण में उन्होंने कहा है, "जैसे अलग-अलग स्रोत वाली अलग-अलग धाराएं अपना पानी समुद्र में मिला देती हैं, उसी तरह अलग-अलग प्रवृत्तियां, भले ही वे अलग-अलग दिखाई देती हों, टेढ़ी-मेढ़ी या सीधी, सभी भगवान तक ले जाती हैं।

इस उदाहरण में, स्वामी विवेकानंद ने विभिन्न धाराओं के माध्यम से अलग-अलग स्रोतों से निकलने वाली नदियों की तुलना मनुष्य की विभिन्न प्रवृत्तियों और रास्तों से की है।

वे बताते हैं कि भले ही ये रास्ते अलग-अलग दिखें, लेकिन अंत में सभी का लक्ष्य एक ही है – ईश्वर तक पहुंचना। इसीलिए समाजिक भेदभाव अभिशाप है।

4 कबीर दास जी

जातिगत आधार:- कबीर ने जातिगत भेदभाव का उग्र विरोध किया है। उन्होंने वर्णाश्रम व्यवस्था को अमान्य ठहराया। इसका आधार उनके जाति और वर्ण में निहित है। कबीर एवं अन्य निम्नवर्गीय सन्तों की वाणियों में उच्च जाति के भक्तों के व्यवस्था-परिष्कार के विपरीत व्यवस्था-विद्रोह एवं परिवर्तन की आकांक्षा का भाव मिलता है।

इसके सामाजिक आधार के रूप में रचनाकारों की जाति को रेखांकित करते हुए हजारीप्रसाद द्विवेदी लिखते हैं कि – "भक्ति ने उत्तर भारत में आकर दो रूप ग्रहण किया। जो भक्त ऊँची जाति से आए थे वहाँ तत्कालीन समाज के प्रति वह विक्षोभ नहीं था, जिस आक्रामक रूप में वह उन भक्तों में प्रकट हुई, जो समाज की निचली श्रेणी की जातियों के भीतर

से आए थे। उच्च जाति के भक्तों ने समाज में प्रचलित शास्त्रीय आचार–विचार, व्रत, उपवास, ऊँच–नीच की मर्यादा को स्वीकार कर लिया। उनका असन्तोष दूसरी श्रेणी के भक्तों से बिलकुल भिन्न था। वे सामाजिक व्यवस्था से असन्तुष्ट नहीं थे... जबकि निचली श्रेणी से आए भक्तों में सामाजिक व्यवस्था के प्रति तीव्र असन्तोष का भाव व्यक्त है और वैयक्तिक साधुता पर भी पर्याप्त बल है।"

निचले तबके से आने के कारण कबीर की वाणी में निम्न वर्ग के प्रति सम्मान का भाव है। उनमें श्रम के प्रति आदर और भक्ति के प्रति दृढ़ भरोसा है। वे अपनी रचनाओं में कुंठित से बार-बार स्वयं को जुलाहा कहते हैं। शोषण की अधिकता वाली सामाजिक स्थिति से आने के कारण उनका प्रतिरोध बहुत उग्र है। उनमें अस्वीकार करने का अपार साहस और भरपूर आत्मविश्वास है

4.2 धार्मिक आधार

मध्यकालीन भारत में इस्लाम के आने के बाद निम्न वर्ग में बहुतों का धर्मांतरण हो गया था। उन्होंने इस्लामी संस्कृति को अपना लिया। हिन्दू संस्कृति की विरासत से भी उनके यहाँ बहुत कुछ रह गया। फलतः उनकी संस्कृति में हिन्दू-मुसलमान दोनों संस्कृतियों से जुड़ाव रह गया। कबीर निम्न वर्ग की ऐसी ही संस्कृति में पले बढ़े थे। उन्हें दोनों धर्म संस्कृतियों का अनुभव प्राप्त करने का मौका मिला। इसलिए उनकी रचनाओं में राम-रहीम के एक होने पर जोर है। इसी तरह उन्होंने पूजा औ कबीर र नमाज दोनों का मजाक बनाया है। उनके द्वारा काशी के पंण्डित और मुल्ला की एक साथ खबर ली गई है।

4.3 लैंगिक आधार :-

कबीर दास जी नारी शक्ति को सदैव आदर्श का प्रतीक माना, उन्होंने विविध महापुरुषों की जननी कहा है और अनादिकाल से नारी का स्थान मानव समाज में पूज्यनीय होने की ओर परलक्षित करता है उन्होने

अपने दोहे के माध्यम से नारी को पूज्यनीय होने का वर्णन इस प्रकार करते है:-

नारी निंदा न करो, नारी रतन की खान।

नारी से नर होत, ध्रुव प्रहलाद समान।।

दोहे के माध्यम से कबीर दास नारी के स्थान को सर्वोच्च स्थान दिया है।

निष्कर्ष :-

कबीर की रचना हिन्दी साहित्य में सर्वाधिक प्रभावी प्रतिरोधी स्वर है। समाज के भेदकारी मूल्य और सत्ता को उनके उग्र विद्रोह का सामना करना पड़ा। कबीर ने जाति और धर्म के आधार पर मनुष्य को निम्न और श्रेष्ठ मानने वाली चेतना को तर्क के आधार पर चुनौती दी। अतार्किक सामाजिक रीति -रिवाजों, परम्पराओं, कर्मकाण्डों, अन्धविश्वासों के पालन के प्रति जनता को सचेत किया। इन सबका आधार उनके समाज के निम्न वर्ग में जन्म से जुड़ता है। उनकी सामाजिक स्थिति ने उनमें हिन्दू-मुसलमान की एकता का बोध कराया। उनके प्रतिरोध के स्वर ने उनके सपनों की समानता और सम्मान पर आधारित समाज के निर्माण की प्रक्रिया को आज भी गतिशील रखा है।

नानक जी का समाज सुधार में योगदान:-

भारत की धरा में अनेक महाशक्तियों का प्रादुर्भव हुआ है जिसमें में सिक्ख धर्म के प्रवर्तक महान शिक्षाविद्, गुरु, रहस्यवादी व दर्शनिक गुरु नानक जी का भी समाजिक असमानता के परिप्रेक्ष्य में अपने विचार को मानव-मानव में फैली असमानता के संबंध पर अपना अभिमत प्रस्तुत किया है उन्होंने समाजिक समानता, मानवता, और सभी के साथ सद्भाव बनाने की प्रेरणा दी है।

उन्होंने सभी धर्मों, जातियों, और लिंगों के लोगों के बीच समानता और भ्रातृभाव को बढ़ावा दिया। नानक जी मानवता को अपना केंद्र स्वीकार किया, जो इस प्रकार आविर्भूत है:-

ईश्वर एक है :-

गुरु नानक जी ने बताया कि ईश्वर एक है और वह सभी मानव में निहित है। हमें उसको जानने की जरुरत जो सर्वत्र जगह उपस्थित रहता है।

असमानता में विश्वास नहीं :-

गुरु नानक जी ने समस्त संसार के जीवों को एक समान समझने की वकालत की और सभी मनुष्यों को एक बराबर माना और जाति, धर्म,

लिंग, या वर्ग के आधार पर भेदभाव का विरोध कर समाज में समरूपता का संदेश दिया।

सेवा और परोपकार की सिफारिश:

गुरु नानक जी की मानव समुदाय को सदा भलाई व दूसरों की निःस्वार्थ सेवा करने और जरूरतमंदों की सहायता करने के लिए अनुशंसित किया।

सत्य और ईमानदारी:-

महान विचारक नानक जी ने अपने जीवन में सत्य बोलने और ईमानदारी से काम करने को अनुयायियों को सीख देते।

सर्वधर्म सद्भाव:-

गुरु नानक ने सभी धर्मों के प्रति सम्मान और सहिष्णुता की ओर अग्रसर किया है और मानव विकास के लिए सर्वधर्म को बढ़ावा दिया।

नानक का संदेश:-

गुरु नानक ने अपनी शिक्षाओं के माध्यम से एक ऐसे समाज को देखना चाहते थे कि जहां पर सभी लोग समान रूप से सम्मान और प्रेम से रहते हों।

5. <u>भगत सिंह जी के सामाजिक भेदभाव पर विचार :-</u>

(क)सामान्य परिचय: -

भगत सिंह भारत के इतिहास में ही नहीं विश्व के इतिहास में भी इस महान क्रांतिकारी का नाम जाना जाता है। जिस महापुरुष ने, न केवल भारत की आजादी का बिगुल फूंका बल्कि सांप्रदायिक और जातिवाद के खिलाफ काम किया।

सांप्रदायिकता और जातिवाद के खिलाफ भगत ने कहा-"उठो मेरे देश वासियों यह देश भगत सिंह और अम्बेडकर के सपनों का भारत है।" इस प्रकार भगत सिंह सांप्रदायिकता और जातिवाद के खिलाफ थे।

यह शर्मनाक है कि कुछ सांप्रदायिक फासिस्टों ने अपने संगठन का नाम भगत सिंह के नाम पर रखा है । भगत सिंह स्वयं नास्तिक थे, लेकिन उससे भी महत्वपूर्ण है कि वे और उनके साथी सांप्रदायिक राजनीति के खिलाफ थे।अप्रैल 1928 में नौजवान भारत सभा की कॉन्फ्रेंस में भगत सिंह और उनके साथियों ने साफ कर दिया कि सांप्रदायिक संगठनों से जुड़े हुए नौजवानों को क्रांतिकारी नौजवान भारत सभा की सदस्यता की इजाजत नहीं दी जा सकती। भगत सिंह लाला लाजपत राय का बहुत सम्मान करते थे और अंग्रेजी पुलिस द्वारा उनकी हत्या का बदला भी लिया । लेकिन जब लालाजी सांप्रदायिक राजनीति की ओर मुड़े तो भगत सिंह ने उन्हें भी नहीं बख्शा । उन्होंने लाला लाजपत राय की तस्वीर के साथ एक पर्चा निकाला, जिसका शीर्षक ब्राउनिंग की कविता से लिया गया

था, शीर्षक था 'गुमराह नेता'। 1928 में 'कीर्ति' पत्रिका में भगत सिंह ने दो लेख लिखे 'अछूत का सवाल' और 'सांप्रदायिक दंगे' और उनका इलाज सांप्रदायिक दंगे वाले लेख में वे दंगा फैलाने में "सांप्रदायिक नेताओं और अखबारों" की भूमिका को रेखांकित करते हैं। उन्होंने उन तथाकथित राष्ट्रवादी नेताओं का मजाक उड़ाया जो या तो डर के मारे सांप्रदायिकता के प्रश्न पर चुप थे, या फिर सांप्रदायिकता के ज्वर में स्वयं ही बह गये थे । जब हम आज भगत सिंह के इन शब्दों को पढ़ते हैं तो जी न्यूज और टाइम्स नाउ जैसे चैनल याद आते हैं:पत्रकारिता का व्यवसाय, किसी समय बहुत ऊँचा समझा जाता था. आज बहुत ही गन्दा हो गया है। अखबारों का असली कर्तव्य शिक्षा देना, लोगों से संकीर्णता निकालना, साम्प्रदायिक भावनाएँ हटाना, परस्पर मेल-मिलाप बढ़ाना और भारत की साझी राष्ट्रीयता बनाना था, लेकिन इन्होंने अपना मुख्य कर्तव्य अज्ञान फैलाना, संकीर्णता का प्रचार करना, साम्प्रदायिक बनाना, लड़ाई-झगड़े करवाना और भारत की साझी राष्ट्रीयता को नष्ट करना बना लिया है।

(भगत सिंह, सांप्रदायिक दंगे और उनका इलाज, कीर्ति ,जून, 1928)

(ख) भगत सिंह ने क्रांतिकारी मार्क्सवाद में सांप्रदायिकता का जवाब देते हुए, वे लिखते हैं:-

"विश्व में जो भी काम होता है, उसकी तह में पेट का सवाल जरूर होता है।"

कार्ल मार्क्स के तीन बड़े सिद्धान्तों में से यह एक मुख्य सिद्धान्त है:

- लोगों को परस्पर लड़ने से रोकने के लिए वर्ग-चेतना की जरूरत है।
- गरीब, मेहनतकशों व किसानों को स्पष्ट समझा देना चाहिए कि तुम्हारे असली दुश्मन पूँजीपति हैं। इसलिए तुम्हें इनके हथकंडो से बचकर रहना चाहिए और इनके हत्थे चढ़ कुछ न करना

चाहिए। संसार के सभी गरीबों के, चाहे वे किसी भी जाति, रंग, धर्म या राष्ट्र के हों, अधिकार एक ही हैं।तुम्हारी भलाई इसी में है कि तुम धर्म, रंग, नस्ल और राष्ट्रीयता व देश के भेदभाव मिटाकर एकजुट हो जाओ और सरकार की ताकत अपने हाथों में लेने का प्रयत्न करो। इन यत्नों से तुम्हारा नुकसान कुछ नहीं होगा, इससे किसी दिन तुम्हारी जंजीरें कट जायेंगी और तुम्हें आर्थिक स्वतन्त्रता मिलेगी ...

- जो लोग रूस का इतिहास जानते हैं, उन्हें मालूम है कि जार के समय वहाँ भी ऐसी ही स्थितियाँ थीं। वहाँ भी कितने ही समुदाय थे जो परस्पर भिड़ते रहते थे। लेकिन जिस दिन से वहाँ श्रमिक-शासन हुआ है, वहाँ नक्शा ही बदल गया है। अब वहाँ कभी दंगे नहीं हुए, अब वहाँ सभी को 'इन्सान' समझा जाता है, 'धर्मजन' नहीं।

इन दंगों में वैसे तो बड़े निराशाजनक समाचार सुनने में आते हैं, लेकिन कलकत्ते के दंगों में एक उत्साहजनक बात सुनने में आयी। वह यह कि वहाँ दंगों में ट्रेड यूनियन के मजदूरों ने हिस्सा नहीं लिया, बल्कि हिन्दू और मुसलमान दोनों ने मिल कर दंगे रोकने की कोशिशें कीं। वर्ग-चेतना का विकास दंगे रोकने का सबसे खूबसूरत तरीका है। यह उत्साहजनक समाचार हमें मिला है कि भारत के नवयुवक आज धर्म के आधार पर आपसी घृणा व हिंसा भड़काने की कोशिशों को खारिज कर रहे हैं।

वे खुद को हिन्दू, मुसलमान या सिख के रूप में देखने की बजाय पहले खुद को इन्सान समझते हैं, फिर भारतवासी ।ऐसे विचार भारत के भविष्य को उज्ज्वल बना रहे है। **1914-15** के शहीदों ने धर्म को राजनीति से अलग कर दिया था। वे समझते थे कि धर्म व्यक्ति का व्यक्तिगत मामला है । इसमें दूसरे का कोई दखल नहीं, न ही इसे राजनीति में प्रवेश करना चाहिए क्योंकि यह सबको मिलकर एक जगह काम नहीं करने देता। इसलिए" गदर पार्टी "जैसे आन्दोलन एकजुट व एकजान रहे,

जिसमें सिख बढ़-चढ़कर फाँसियों पर चढ़े और हिन्दू मुसलमान भी पीछे नहीं रहे ।

(भगत सिंह, 'सांप्रदायिक दंगे और उनका इलाज', कीर्ति, जून, 1928)

(ग) इंसानियत की धार्मिक पहचान :-

न देने की बात है कि भगत सिंह यहां इन्सानियत को धार्मिक पहचान और यहां तक कि भारतीयता से भी ऊपर रखते हैं,

सांप्रदायिक राजनीति को नकारते हैं और राजनीति को धर्म के अलग रखने पर जोर देते हैं। आज राष्ट्रवाद के नाम पर होने वाली अमानवीय हत्याओं और बलात्कारों से उन्हें घृणा हुई होती, साथ ही भारत को 'हिन्दू राष्ट्र' के रूप में परिभाषित करने की कोशिशों से भी।

भगत सिंह ने छुआछूत पर सीधा हमला किया । धर्मांतरण के खिलाफ चीख-पुकार के बीच देखिये भगत सिंह का यह कहना था:

"जब तुम उन्हें इस तरह पशुओं से भी गया-बीता समझोगे तो वह जरूर ही दूसरे धर्मों में शामिल हो जाएंगे, जिनमें उन्हें अधिक अधिकार मिलेंगे, जहाँ उनसे इन्सानों-जैसा व्यवहार किया जाएगा।

और वे केवल सुधारों और अछूतों के उद्धार भर की बात नहीं करते, बल्कि वे दलितों को स्वयं का उत्थान करने के लिए पुकारते हैं, वे उन्हें "वास्तविक मजदूर वर्ग" के रूप में पुकारते है। स्वतन्त्रता के लिए स्वाधीनता चाहने वालों को यत्न करना चाहिए । इन्सान की धीरे-धीरे कुछ ऐसी आदतें हो गई हैं कि वह अपने लिए तो अधिक अधिकार चाहता है, लेकिन जो उनके मातहत हैं उन्हें वह अपनी जूती के नीचे ही दबाए रखना चाहता है। कहावत है—'लातों के भूत बातों से नहीं मानते' अर्थात् संगठन हो अपने पैरों पर खड़े होकर पूरे समाज को चुनौती दे दो, तब देखना, कोई भी तुम्हें तुम्हारे अधिकार देने से इन्कार करने की जुर्रत न कर सकेगा।

तुम दूसरों की खुराक मत बनो। दूसरों के मुँह की ओर न ताको। लेकिन ध्यान रहे, नौकरशाही के झाँसे में मत फँसना। यह तुम्हारी कोई सहायता नहीं करना चाहती, बल्कि तुम्हें अपना मोहरा बनाना चाहती है। यही पूँजीवादी नौकरशाही तुम्हारी गुलामी और गरीबी का असली कारण है। इसलिए तुम उसके साथ कभी न मिलना। उसकी चालों से बचना। तब सब कुछ ठीक हो जायेगा। तुम असली सर्वहारा हो संगठनबद्ध हो जाओ। तुम्हारी कुछ भी हानि न होगी. बस गुलामी की जंजीरें कट जाएंगी। उठो, और वर्तमान व्यवस्था के विरुद्ध बगावत खड़ी कर दो। धीरे-धीरे होनेवाले सुधारों से कुछ नहीं बन सकेगा। सामाजिक आन्दोलन से क्रांति पैदा कर दो तथा राजनीतिक और आर्थिक क्रांति के लिए कमर कस लो तुम ही तो देश का मुख्य आधार हो, वास्तविक शक्ति हो। सोए हुए शेरो! उठो और बगावत खड़ी कर दो।"

(भगत सिंह, 'अछूत का सवाल', कीर्ति, जून,)

इस तरह क्रांतिकारी युग निर्माता क्रांति जा सच्चे सिपाही की विचार के दर्शाए का वर्णन किया गया है ।जो विश्व बंधुत्व की ओर केंद्रीय भाव प्रदर्शित करता है।

(घ) निष्कर्ष :-

भारतीय इतिहास के जननायक, क्रांतिकारी प्रणेता, अंग्रेजी सरकार के छक्के छुड़ाने वाले, देश की आजादी में प्राणों की बाजी लगाने वाले, भारत के महान क्रांतिकारी भगत सिंह जी ने जाति व्यवस्था के खिलाफ अपनी पत्रिका" कीर्ति" में जिसका उल्लेख किया है शीर्षक"अछूत का सवाल "में जाति व्यवस्था के अनुसार समाज के लोगों के साथ भेदभाव पर पुरजोर विरोध किया है।

ऊपर वर्णित समाज सुधारकों व विद्वानों के विचारों से स्पष्ट है कि समाज में आज भी रूढ़िवादी विचारधारा, अंधविश्वास व पाखंडवाद के कारण समाज का ध्रुवीकरण होना संभावित है।और इनके जीवन का

समग्र विकास करने हेतु रूढ़िवादिता विचार धारा, कुरीतियों के बारे में वैज्ञानिक या तार्किक तथ्यों से रूढ़िवादियों व समाज में बाधक लोगों को जागरूक करने के सतत् प्रयास की आवश्यकता है चूंकि इंसान को इंसानियत के साथ समता, न्याय, समानता और नैतिक मूल्यों को संवर्धन करने हेतु सतत् गतिशील समाज के साथ विकास के सभी हकों, अवसरों, समता न्याय, से वंचित न होना पड़े।

जाति विभाजन में आर्थिक असमानताएं –

परिचय :-

आर्थिक असमानता समाज में विभिन्न समूहों के बीच आय और अवसर का असमान वितरण है। यह दुनिया भर के लगभग सभी देशों में चिंता का विषय है और अक्सर लोग गरीबी में फंस जाते हैं और सामाजिक सीढ़ी पर चढ़ने का बहुत कम मौका मिलता है। लेकिन, गरीबी में पैदा होने का मतलब यह नहीं है कि आप हमेशा गरीब ही रहेंगे।

जाति विभाजन के आधार पर आर्थिक विषमता भारत में एक गंभीर समस्या है। क्योंकि उच्च जाति वर्ग समूह के लोग आमतौर पर संपन्न होते हैं, क्योंकि पीढ़ी दर पीढ़ियों से आर्थिक संपन्नता होने के कारण उद्योग धंधे, लघु उद्योग और सीमांत किसान उच्च वर्ग में अधिकांशतः पाए जाते है जिससे इनका कृषि का क्षेत्र में भी आवश्यकता अनुसार सभी अवसरों में इनकी भागीदारी सुनिश्चित रहती है ।और ग्रामीण अंचल में भूमि का अधिकतम भाग की उपलब्धता रहती है।

जबकि निचले जातियों के लोग गरीबी और आर्थिक रूप से कमजोर होने के कारण अवसरों और हको को प्राप्त करने में संघर्ष की स्थिति होती है । कृषि का भी आंशिक भाग के भूमि स्वामी होते है जिससे आर्थिक तंत्र का अभाव से जूझते हैं जिसका विवरण इस प्रकार है:-

1. आर्थिक विषमता:-

सदियों से भारत में जाति के आधार पर आर्थिक विषमता काफी हद तक बनी हुई है।जिससे उच्च जातियों को बेहतर अवसर और संसाधनो की उपलब्धता होने कारण सभी क्षेत्रों में विकास करने के अवसरों व हकों को प्राप्त करने में सक्षम प्रगतिशील प्राप्त होते हैं, विकास के सभी आयामों में प्रगति शील होते है जबकि निचली जातियों, विशेष रूप से दलितों और आदिवासियों को आर्थिक रूप से पीछे रहने के लिए मजबूर किया जाता है समग्र विकास इनका बाधित होता जाता है।

2. जातिगत भेदभाव:-

जातिगत भेदभाव शिक्षा, रोजगार और सामाजिक सेवाओं तक पहुंच को प्रभावित करता है, जिससे निचले जातियों को आर्थिक रूप से कमजोर होने के कारण उच्च शिक्षा से वंचित होना पड़ता है और आगे की शिक्षा ग्रहण करने में कठिनाई होती है।

3. आरक्षण नीति:-

भारत में आरक्षण नीति निचले जातियों को शिक्षा और रोजगार में विशेष अवसर प्रदान करने के लिए बनाई गई है, लेकिन इसका प्रभाव हमेशा वांछित नहीं होता है।

4. सामाजिक-आर्थिक प्रभाव:-

जातिगत भेदभाव और आर्थिक असमानता निचले जातियों के सामाजिक-आर्थिक विकास को बाधित करती है और सामाजिक अन्याय को बढ़ावा देती है।

5. आर्थिक विकास में बाधा:-

जाति व्यवस्था आर्थिक विकास में एक बाधा के रूप में कार्य करती है, क्योंकि यह समान अवसर और संसाधनों तक पहुंच सुनिश्चित नहीं करती है, जिससे समग्र आर्थिक विकास प्रभावित होता है।

6. जातिगत जनगणना:-

भारतीय ग्रामीण समाज में इसकी नितांत आवश्यकता है क्योंकि समाज में आज भी अनेकों समस्याओं का सामना करना पड़ रहा है जिससे कुछ लोग जातिगत जनगणना की मांग करते हैं, ताकि विभिन्न जातियों की सामाजिक-आर्थिक स्थिति को बेहतर ढंग से समझा जा सके और नीतियां बनाई जा सकें।

भारत के ग्रामीण क्षेत्रों में, आर्थिक असमानता के कई कारण हैं लेकिन मुख्य कारण गरीबी, लिंग, धर्म और जाति हैं। भारतीय बहुसंख्यक लोगों की निम्न स्तर की आय बेरोज़गारी और ठेका और परिणामस्वरूप श्रम की कम उत्पादकता है। कम श्रम उत्पादकता का तात्पर्य है आर्थिक विकास की कम दर जो लोगों के बड़े पैमाने पर गरीबी और असमानता का मुख्य कारण है।

जाति विभाजन में राजनीतिक असमानता :-

1. प्रस्तावना:-

भारत के ग्रामीण ही नहीं सभी सरकारी संसाधनों तक पहुँचने की क्षमता के कारण उत्पन्न होने वाला अंतर है उसे राजनीतिक असमानता कहते ,जिसके कारण कोई नागरिक समानता नहीं होती है। ऐसे में साधन सम्पन्न वर्ग अपनी सभी शक्तियों का प्रयोग कर सफलता अर्जित कर लेता है जिससे अपने कार्य व्यवहार और जिम्मेदारी के अंतर में अधिकांश दूसरे वर्ग के लोगों की तुलना में अधिक लाभ उठा सकते हैं और विशेषाधिकार प्राप्त कर अपने लक्ष्य को प्राप्त कर सकते हैं।

प्रायः यह भी परिकलन किया गया कि विभाजन व्यवस्था में विशेष वर्ग समूह की ओर अग्रसर होता है जहाँ प्रभुत्व मौजूद होता है। निम्न वर्ग अपने अवसरों व संसाधनों के अभाव में समुचित तरीके से समन्वय बनाने में अनुकूलन नहीं हो पाता जिससे राजनीतिक स्थितियों में कठिनाई होती

है। ऐसी परिस्थितियों में समानता की आवश्यकता होना निहित प्रयास आवश्यक है।

राजनीति असमानता का के प्रमुख कारण है:-

भारतीय राजनीति में, सामाजिक आधार पर राजनीतिक स्थिति तैयार होती है, जिससे राज्यों या स्थानीय निकाय चुनावों व पंचायत में इसकी झलक भारत में कई क्षेत्रों में विशेष जाति के आधार विभाजन और राजनीतिक असमानता एक-दूसरे से जुड़े हुए रहते हैं। सामाजिक विभाजन, जैसे कि जाति, धर्म, लिंग या क्षेत्र के आधार पर, समाज में असमानता और विभाजन पैदा करते हैं, जो राजनीतिक प्रक्रिया को भी प्रभावित करते हैं।

सामाजिक विभाजन कैसे राजनीतिक असमानता को प्रभावित करते हैं:

10.1 राजनीतिक दलों के लिए समर्थन:

सामाजिक विभाजन विभिन्न समुदायों के बीच समर्थन को प्रभावित करते हैं। राजनीतिक दल अक्सर विभिन्न समुदायों से अलग-अलग वायदे करते हैं, जिससे कुछ समूहों को लाभ हो सकता है जबकि अन्य को नहीं।

10.2 वोटिंग पैटर्न:

सामाजिक विभाजन मतदान को भी प्रभावित करते हैं। विभिन्न समुदाय अक्सर विभिन्न राजनीतिक दलों को पसंद करते हैं, जो राजनीतिक असमानता को बढ़ा सकता है ।

10.3 नीति निर्माण:

राजनीतिक दल अक्सर सामाजिक विभाजन के आधार पर नीतियां बनाते हैं, जो कुछ समूहों को दूसरों की तुलना में अधिक लाभ दे सकती है।

10.4 संघर्ष और हिंसा:

सामाजिक विभाजन अक्सर संघर्ष और हिंसा का कारण बन सकते हैं, जो राजनीतिक व्यवस्था को अस्थिर कर सकते हैं.

10.5 सत्ता में साझेदारी:

सामाजिक विभाजन सत्ता में साझेदारी को भी प्रभावित कर सकते हैं। कुछ समूह दूसरों की तुलना में अधिक प्रतिनिधित्व के हकदार होते हैं, जो राजनीतिक असमानता को बढ़ा सकता है।

2. राजनीतिक असमानता के कारण सामाजिक विभाजन:

2.1. अधिकारों का अभाव:

कुछ समूहों को राजनीतिक अधिकारों से वंचित किया जा सकता है, जिससे वे समाज में हाशिए पर आ जाते हैं।

2.2. अन्यायपूर्ण प्रतिनिधित्व:

कुछ समूहों को राजनीतिक प्रतिनिधित्व नहीं मिल सकता है, जिससे वे समाज में समान अवसरों से वंचित रह जाते हैं ।

2.3. भेदभाव:

कुछ समूहों को राजनीतिक प्रक्रिया में भेदभाव का सामना करना पड़ सकता है, जिससे वे समाज में असमानता का सामना करते हैं।

2.4. असमान संसाधन वितरण:

राजनीतिक असमानता संसाधनों के असमान वितरण का कारण बन सकती है, जिससे कुछ समूहों को दूसरों की तुलना में अधिक लाभ होता है।

उदाहरण :-

2.5 जाति आधारित असमानता:

भारत के ग्रामीण क्षेत्रों में, भी जाति आधारित असमानता राजनीतिक प्रक्रिया को प्रभावित करती है। जिससे कई बार योग्य उम्मीदवार को राजनीतिक प्रतिनिधित्व नहीं प्राप्त हो पाता है।कई राजनीतिक दल जाति के आधार पर वोट हासिल करने की कोशिश करते हैं, जो कुछ समूहों को दूसरों की तुलना में अधिक लाभ दे सकता है। और योग्य व्यक्ति को इसके लाभ से वंचित हो जाते है।

3. धर्म आधारित असमानता:-

भारत के कुछ क्षेत्रों में, धर्म आधारित विभाजन राजनीतिक संघर्ष और हिंसा का कारण बन सकते हैं। जो एक नेतृत्व में सवालिया निशान की स्थिति उत्पन्न हो जाती है जिससे सामाजिक समरसता, सद्भावना और सौहार्द्र पूर्ण वातावरण में सामुदायिक भावना से समाज विघटित होकर एक वर्ग विशेष को लाभ मिलता है, जिससे राजनीतिक स्थिति एक वर्ग विशेष की ओर केंद्रित हो जाती है और दूसरे दल का अस्तित्व कम हो जाता है और धार्मिक आधार पर विशेष वर्ग के लोग अपने धर्म की ओर झुकाव लेकर एकतरफा वर्ग विशेष को लाभ प्राप्त हो जाता है।

4. लिंग आधारित असमानता:-

कई देशों में, महिलाओं को पुरुषों की तुलना में राजनीतिक प्रक्रिया में कम प्रतिनिधित्व मिलता है। संक्षेप में, सामाजिक विभाजन और राजनीतिक असमानता एक-दूसरे से जुड़े हुए हैं। सामाजिक विभाजन राजनीतिक प्रक्रिया को प्रभावित करते हैं, जबकि राजनीतिक असमानता सामाजिक विभाजन को बढ़ा सकती है। इन मुद्दों को संबोधित करने के लिए, हमें सामाजिक समानता और न्याय सुनिश्चित करने की आवश्यकता है, जैसा कि भारत में लोकतंत्र और राजनीतिक समानता के लिए वंचित

जातियों और वंचितों के दावे मजबूत होते जा रहे हैं। सामाजिक विभाजन किस तरह से राजनीति को प्रभावित करते हैं?

राजनीतिक दल सामाजिक विभाजन की बात करते हैं, विभिन्न समुदायों से अलग-अलग वायदे करते हैं, विभिन्न समुदायों को उचित प्रतिनिधित्व देने का प्रयास करते हैं और विभिन्न समुदायों की उचित माँगों और जरूरतों को पूरा करने वाली नीतियाँ भी बनाते है।

5. वास्तविक जीवन में असमानताएं:-

भारत के ग्रामीण अंचलों या शहरी क्षेत्रों में वास्तविक जीवन में राजनीतिक स्थितियों में वास्तविक असमानताएं पाई जाती जिससे निम्न वर्ग को वास्तविक कठिनाइयों से गुजरना पड़ता है, जिसके परिणाम स्वरूप राजनीतिक विषमताओं कि झलक इस प्रकार:-

5.1 समाज के उच्च वर्ग का प्रभाव:-

ग्रामीण व गाँव में आज भी समाज के उच्च वर्ग का प्रभुत्व देखने को मिलता है और प्रभाव के कारण **"विशेष व्यक्ति"** जो प्रतिनिधित्व करता अपना आधार उच्च वर्ग को मानता है जिससे उच्च वर्ग के सदस्यों को राजनीतिक प्रक्रिया में भाग लेने और प्रभाव डालने के लिए अधिक अवसर प्राप्त होते हैं।

वे अक्सर धन, शिक्षा, और सामाजिक प्रभावी अनुकूलन के माध्य अक्सर धन, शिक्षा, और सामाजिक प्रभावी अनुकूलन के माध्यम से अपने प्रभाव का प्रयोग करते हैं, जिससे वे निम्न वर्ग में भी प्रभावी हो जाते है।

5.2 समाज में निम्न वर्ग को आवाज उठाने में कठिनता:-

भारत के ग्रामीण क्षेत्र निम्न वर्ग के सदस्यों को अक्सर राजनीतिक प्रक्रिया में भाग लेने और अपनी आवाज उठाने में कठिनाई होती है। क्योंकि उन्हें धन, शिक्षा, और सामाजिक नेटवर्क की कमी हो सकती है, जो उनकी राजनीतिक भागीदारी को बाधित कर सकती है।

5.3 राजनीतिक संसाधनों की असमानता:

उच्च वर्ग के सदस्यों के पास निम्न वर्ग के सदस्यों की तुलना में राजनीतिक संसाधनों तक अधिक पहुंच होती है, जैसे कि धन, शिक्षा, और सामाजिक नेटवर्क। जिसके कारण राजनीतिक प्रभाव में असमानताएं परलक्षित होती है।

6.सांस्कृतिक असमानताएं –

(क) परिचय -:

न, केवल भारत के ग्रामीण क्षेत्रों में वरन् समूचे समाज में सांस्कृतिक विभिन्नताओं के दर्शन सामाजिक रूप से निम्न वर्ग और उच्च वर्ग के बीच मौजूद है। निम्न वर्ग के लोग अधिक आर्थिक तनाव और सामाजिक रूप से दबाव का अनुभव महसूस करते हैं और अपने विचारों को सांस्कृतिक गतिविधियों में कहीं- कहीं कुंठित व दबाव का भाव मन मस्तिष्क में संकुचित होने से खुला विचार साझा नहीं कर पाते है, जबकि उच्च वर्ग के लोग अक्सर साधन सम्पन्न होने के कारण संस्कृति को साझा करने या उसे मूर्त रुप में परिणित करने में विभिन्न परिस्थितियों को अनुकूलन कर लेने में सक्षम तरीके से कार्य निष्पादित कर लेते है जिसके कारण समाज में विशेषाधिकार प्राप्त कर, सामाजिक प्रभाव का उपयोग करते हैं। इनके विपरीत निम्न वर्ग विपन्न होने की स्थिति में सांस्कृतिक कार्यों संसाधन जुटाने में कमतर आंकते है जिससे यह स्थिति सांस्कृतिक विभिन्नता को परलक्षित करती है। इस प्रकार समाज में असमानता पनपती है।

(ख) सांस्कृतिक असमानताओं का स्वरूप:-

समाजिक भाषा शैली :-

भारत के गांवों में, प्रायः देखा गया है कि **उच्च सामाजिक आर्थिक स्थिति (high social economic status)** वाले लोगो की सामाजिक भाषा शैली मानक व जीवन स्तर के अनुरूप, साहित्यिक, व्यापारिक,

राष्ट्रीय व अंतराष्ट्रीय भाषाओं से इनका जीवन प्रगतिशील रहता है, जिनसे उनकी भाषा शैली में विविध भाषाओं का प्रभाव रहता है और इनके संप्रेषण में जटिल भाषा के दर्शन मिलते है।

ठीक इनके विपरीत **निम्न सामाजिक आर्थिक स्थिति (lower social economic status)** वाले लोगों की क्षेत्रीय भाषा व स्थानीय जीवन शैली का प्रयोग करते है जिसमें उच्च वर्ग की भाषा शैली की तुलना में निम्न वर्ग जीवन शैली की भाषा में असमानताएं होती है क्योंकि उनके पास बेहतर शिक्षा और संसाधन उपलब्ध होते है ।जबकि दूसरे वर्ग को बेहतर शिक्षा और संसाधन का अभाव रहता है

संस्कृति की पहचान :-

सामाजिक वर्ग संस्कृति को निर्धारित करता है, जो व्यक्तिगत व्यवहार और पहचान को प्रभावित करती है।जिसमें वर्ग विशेष में अंतर पाया जाता है।

शिक्षा जीवन स्तर :-

उच्च सामाजिक आर्थिक स्थिति वाले लोगों को शिक्षा में बेहतर अवसर मिलते हैं, जबकि निम्न सामाजिक स्थिति वाले लोग कम उपलब्धि का अनुभव करते हैं।

स्वास्थ्य सुविधा:-

उच्च सामाजिक आर्थिक वर्ग वाले लोग स्वास्थ्य सुविधा को आर्थिक संपन्नता व सामाजिक नेटवर्क व पहचान के कारण स्वास्थ्य सेवा का लाभ प्राप्त कर लेते है और निम्न आर्थिक सामाजिक वाले लोगों की स्वास्थ्य सेवा इनकी पहुंच से प्रभावित होती है। जिसके कारण निम्न सामाजिक आर्थिक वर्ग वाले लोगों को स्वास्थ्य सेवा में बाधा होती है।

अधिक वित्तीय तनाव:-

धन का अभाव होने के कारण निम्न वर्ग के लोग अधिक वित्तीय तनाव का अनुभव करते हैं,जबकि आर्थिक स्थिति सुदृढ़ होने के कारण इनमें उच्च वर्ग के लोग सामाजिक दबाव और प्रतिष्ठा के साथ संघर्ष कर सकते हैं ।

व्यवहार में कठिनाई:

निम्न वर्ग के लोगों को अधिक सामाजिक रूप से जागरूक और समाज-समर्थक माना जाता है ।

(ग) सांस्कृतिक असमानता के कारण:

सामाजिक वर्ग रूढ़िवादिता :-

आज भी मैने अवलोकन किया कि ग्रामीण समाज सामाजिक वर्ग रूढ़िवादिता असमानता को बढ़ावा देती है क्योंकि मानव में भेद और रूढ़िवादिता को विकसित करने में योगदान देती है जिसमें समाज के प्रभुत्वशाली व्यक्तियों का हाथ होता पर प्रमाण देने में कठिनाई होती है चूंकि मेरा उद्देश्य मानव को जागरूक करने का है।

विचारणीय विषय यह है कि आपको को किसने अधिकार दिया कि दूसरे व्यक्ति के अधिकारों को हनन करने का? उसके सामाजिक विकास में बाधक बनने का?

आपको संस्कृति का रक्षण करने व मानव का विकास के विकास में सहायक होना चाहिए न कि किसी के जीवन को अवरुद्ध करना जो **निम्न सामाजिक आर्थिक स्थिति (Low Social Status)** लोगों को कम सक्षम मानती है और **उच्च सामाजिक आर्थिक स्थिति (High Social Status)** लोगों को अधिक योग्य मानती है। पर नहीं योग्यता कही भी फल फूल सकती है।

आर्थिक असमानताः

आर्थिक असमानता एक बहुत बड़ा कारक है कि भारत कि संस्कृति को नुकसान पहुंचाने से सर्वांगीण विचार धारा का प्रस्फुटन नहीं हो सका बीज पनपा पर नष्ट कर दिया गया जो व्याहारिक है। जो असमानता को बढ़ावा देती है, जिससे संसाधनों और अवसरों में असमानता होती है।

संस्कृति असमानता :

सामाजिक वर्ग संस्कृति को प्रभावित करता है, जो व्यवहार, मूल्यों और विश्वासों को निर्धारित करती है।उच्च सामाजिक आर्थिक वर्ग समूह में विषमताएं-

(घ) समाधान –

सामाजिक वर्ग जागरूकताः-

सामाजिक वर्ग की असमानता के बारे में जागरूकता बढ़ाना महत्वपूर्ण है ताकि सभी वर्ग का संपूर्ण विकास हो।

सांस्कृतिक संवेदनशीलताः

सामाजिक वर्ग के अंतर को समझने और सम्मान करने के लिए सांस्कृतिक संवेदनशीलता की आवश्यकता है।

संसाधनों में समानताः

संसाधनों और अवसरों में समानता सुनिश्चित करना महत्वपूर्ण है

(ड) निष्कर्षः-

भारत के ग्रामीण क्षेत्रों में सामाजिक वर्ग एक महत्वपूर्ण सांस्कृतिक कारक है जो व्यक्ति के जीवन और समाज में उनकी स्थिति को प्रभावित करता है। सांस्कृतिक असमानता के कारणों को समझकर और समाधानों

को लागू करके, हम एक अधिक न्यायसंगत और समान समाज बनाने की दिशा में काम कर सकते हैं।

आर्थिक असमानता सामाजिक वर्ग रूढ़िवादिता को कैसे आकार देती है। जिससे मानव के विकास का अवरुद्ध का मुख्य कारक भी होता है।

अध्याय – 3

ग्रामीण भारत में बस्तियों की संरचना

1. गांव या ग्रामीण क्षेत्रों में बस्तियों की संरचना :-

गांव व ग्रामीण क्षेत्र मे, देखने में यह प्रतीत हुआ कि बस्ती की संरचना विविध रूपों में रहती है, जिसका विवरण अधोलिखित है:

(क) बस्ती का अर्थ:

बस्ती से तात्पर्य है यह है कि, जहां विभिन्न समूह के बीच रहने वाले लोगों के इलाके को बस्ती कहा जाता है।

बस्ती की परिभाषा : बस्ती जहां पर लोगों का समूह निवास करता है उसे बस्ती कहते हैं। बस्ती स्थाई या अस्थाई रूप से हो सकती है उसे बस्ती कहा जाता है ।

1. **अस्थाई बस्ती:-** जैसे पूर्व में ग्राम बनहरी में लोग निवास करते थे किंतु कालांतर में परस्थिति के अनुसार उस स्थान को छोड़कर अन्यत्र स्थान पर वहां निवास करने लगे, वह भूभाग रिक्त हो गया किन्तु वहां आज भी मानवीय बस्ती रहने के अवशेष पाए गए, जैसे तोड़ी गई मूर्ति के अवशेष, खुदाई पर मूर्तियां पाई गई,ऐसे स्थान को उजाड़ या अस्थाई बस्ती कहा गया। ग्राम बनहरी में मकानों का पुनस्र्थापन विद्यमान है।
2. **स्थाई बस्ती :-** ऐसी बस्ती जो दीर्घकाल से लोग निवास करते आ रहे है और वर्तमान में भी निवास करते आ रहे है उसे स्थाई बस्ती कहा जाता है।जैसे ग्राम पिपरिया शुक्ल का दीर्घकालिक इतिहास प्रतीत होता है, इसका मुख्य कारण प्राचीन मंदिर या मुगलकालीन शासन में हिंदुओं की मूर्ति तोड़ने की प्रथा थी जिसमें, इन मंदिरों में टूटी हुई मूर्तियों के अवशेष पाए गए, जिसके आधार पर स्थाई बस्ती की संभावना प्रतीत होती है। ग्रामीण या गांव में प्रकाश में आया कि लोग यहां जाति समूह के अनुसार मोहल्ले निर्धारित करते थे। किंतु वर्तमान में लोग सुविधा के आधार पर कहीं भी आवास बनाकर रहते हैं। बस्तियों का विवरण इस प्रकार है:

1.घनत्व वाली बस्ती।

2. कम घनत्व वाली बस्ती।

3.बिरली व बिखरी बस्ती ।

भारतीय ग्रामीण समाज में, यह देखा जाता है की बस्तियां को विविध प्रकार से दर्शाया गया है जिसका विस्तार पूर्वक विश्लेषण अधोलिखित है:

1 घनत्व वाली बस्ती :-

ऐसी बस्ती जहां पर घनी आबादी रहती है उसे घनत्व बस्ती कहा जाता है। इस बस्ती में मकानों की संख्या अधिक होती है। इसमें प्रति व्यक्ति यूनिट संख्या कम होती है तथा अधिक लोग कम भूमि में निवास करते हैं।

यह बस्ती घनत्व कहलाती है। दूसरे शब्दों मे सघन बस्ती वह है जिसमें मकान एक दूसरे से जुड़े होते हैं तथा उनकी गलियों में पैदल जाना कठिन होता है ,जहां पर लोग पैदल ही जाने के लिए मजबूर होते हैं ।उन्हें घनत्व वाली बस्तियां कहा जाता है। उनके घरों की संख्या **100** से लेकर **1000** तक देखी जाती है ।

2. कम घनत्व वाली बस्तियां :-

कम घनत्व बस्तियां ऐसी बस्तियां होती है, जहां पर मकान एक दूसरे से सटे नहीं रहते हैं, मकानों में दूरी पाई जाती है, उसे कम घनत्व वाली बस्ती कहा जाता है। ऐसी बस्ती में आवागमन सुविधाजनक हो सकता है, इनके घर व मकानों की संख्या 50 से 100 हो सकती है

3. बिरली या बिखरी बस्ती :-

बिरली या बिखरी बस्ती का अर्थ है कि ऐसे आवास जो अवकाश में बने हो उसे बिरली बस्ती कहते है। उदाहरण के तौर पर उनके मकान अधिक दूरी पर बने होते हैं। ऊपर युक्त अनुसार ग्रामीण अंचलों में बस्तियां विविध प्रकार का वर्णन किया गया किंतु अब इनकी मकान संरचना का विवरण इस प्रकार है:-

ग्रामीण अंचल में मैंने अवलोकन कि यहां पर कच्चे मकान, झोपड़ी, पक्के मकान, स्कूल, अस्पताल, गिरजाघर, मंदिर व मस्जिद इत्यादि विविध रूप से देखने को मिलते हैं ।

अध्याय - 4

ग्रामीण क्षेत्र में आवासीय मकान

ग्रामीण इलाकों में आवासीय मकानों के प्रकार:-

1. झोपड़ी आवासीय मकान ।

2. कच्चे आवासीय मकान ।

3. पक्के आवासीय मकान ।

काव्य सौंदर्य –

मकान की संरचना में,
ऊंची अट्टालिका भी दिखाई देती हैं ।
झोपड़ी और कच्चे मकानों की
ऐसी सुंदरता की झलक दिखाई देती है ।।
ऊबड़ - खाबड़, चिकनी -खुदरी,
प्रकृति के चित्रण उकेरे है ।
कहीं मकानों में देखो तो,
सौंदर्य, सभ्यता भी बिखेरे है।।
फिर भी आड़ी- तिरछी भित्ति से,
फिर भी सबको निवेरे है ।
प्राकृतिक सौंदर्य की चकाचौंध,
कहीं देहातों में रही कौंध ।

कहीं मकानों की सीमा में,
सुंदर दिखती चकाचौंध ।
कहीं घास- फूंस, लता- पत्तों की,
सीमा दिखती रही औंध ।।

1. झोपड़ी आवासीय मकान :-

ग्रामीण भारत में आज भी झोपड़ी देखी जाती है, यह आवास आज भी गरीबी के अभाव में बनाया जाता है। इस आवास को बहुत कम लागत में तैयार किया जा सकता है। यह घास फूंस, लकड़ी के लठ्ठे से बांस की लकड़ी से व मिट्टी आदि से तैयार किए जाने वाला आवास कहलाता है। जिसमें ग्रामीण अंचलों में, मैंने पाया कि आज भी गरीब वर्ग के लोग, आजादी के 78 साल बाद भी इन आवासों का प्रयोग करते है। इन आवासों का प्रयोग आज भी जंगली आवासीय क्षेत्रों, पशुओं के आवास देखने को मिलते है।

साथ ही खेतों मे देखभाल करने वाले किसान अधिकतम झोपड़ी का आवास तैयार करते है ताकि धूप पानी और ठंड से बचा जा सके।यह आवास चारों ओर से बन्द व एक छोटी सी फटकी अर्थात दरवाजे का नमूना रहता है, जिससे निकासी रहती है।

झोपड़ी के सम्बन्ध में विवरण इस प्रकार है:-

(क) झोपड़ी निर्माण की आवश्यक वस्तुएं –

इस आवास को बनाने के लिए ज्यादा महंगी सामग्री अभी भी प्रयोग में नहीं लाई जाती है, इसमें आज भी लोग सरल और सहज तरीके से झोपड़ी को अपनी न्यूनतम आवश्यकताओं की पूर्ति करने के अनुसार तैयार कर लेते है, इसमें एक या दो कमरा तैयार किए जाते हैं। सामने काफी भाग खुला छोड़ देते है। चारों ओर से इस आवास की सुरक्षा हेतु लकड़ी के लट्ठे गाड़ कर बाउंड्री या बाड़ी निर्धारित कर लेते है। जिससे झोपड़ी को सुरक्षित कर लेते हैं। इस आवास में स्थानीय वस्तुएं जैसे लकड़ी, घास, बांस, पत्थरों व मिट्टी का उपयोग करते हैं।

(ख) झोपड़ी की बनावट-

झोपड़ी काफी छोटी रहती है और इसके चारों कोने बराबर होते हैं इसकी संरचना पिरामिड शैली से मेल खाती है जिसमें बरसात के समय पानी रुक नहीं पाता है जिस आवाज में पानी रिसाव की समस्या निर्मित नहीं होती हैं।

(ग)झोपड़ी का स्थायित्व –

मैंने ग्रामीण क्षेत्र, देखा है कि इसका स्थायित्व इसकी गुणवत्ता पर निर्भर करता है, यह स्थाई और अस्थाई दोनों तरह की पाई जाती है, इनका निर्माण परिस्थितियों के आधार पर निश्चित किया जाता है।

(घ)झोपड़ी की उपयोगिता –

इस प्रकार के झोपड़ी के आवास का उपयोग बेरोजगार ,गरीब लोग अपना इसको आवास बनाते है और अपनी जीविका का संचालन कर उदर-पोषण करते है ।

(ड)झोपड़ी में रहने वालों की समस्याएं –

झोपड़ी रहने वाले लोगों को बुनियादी सुविधाओं का अभाव जीवन में व्याप्त रहता है, जिसमें ऐसी बस्तियों में अनेकों समस्याओं का सामना

करना पड़ता है जैसे:- बुनियादी सुविधा का आभाव, सामाजिक असमानता, सुरक्षा का भय, और बेरोजगारी की समस्याएं देखने में आती है, जिसका विस्तार पूर्वक जानकारी इस प्रकार है:-

(ड)1. बुनियादी सुविधा की समस्याएं :-

I. खाद्य असुरक्षा :-

ऐसे आवासीय क्षेत्रों में, दुर्गम ऊबड़ खाबड़ मार्ग, कच्चे मार्ग पगडंडी से गुजरकर मार्ग से जाना होता है, जिससे खासकर, सूखा, बाढ़, आपदाओं में भोजन मुहैया कराने में प्रशासन एवं जिम्मेदार अधिकारियों व सुरक्षा एजेंसियों को अत्याधिक समस्या होती है।

II. पेयजल की असुविधा :-

गांव या ग्रामीण के ऐसे आवासीय क्षेत्रों में, पेयजल व्यवस्था पहुंच के बाहर रहती है और स्वच्छ जल का अभाव होने के कारण इस क्षेत्र के लोग विविध बीमारियों से ग्रसित हो जाते है। ऐसे क्षेत्रो में, पेयजल व्यवस्था की सुरक्षा का अभाव व्याप्त रहता है।

III. शिक्षा :-

इन क्षेत्रों में, प्रायः यह देखा जाता है कि विद्यालय की व्यवस्था नहीं हो पाती है यहां यदि विशेष स्थिति में विद्यालय खोले जाते हैं तो, छात्रों का नामांकन कम होने के कारण विद्यालय को बंद करने के लिए शासन बाध्य हो जाता है । जिससे यहां के बच्चे दूर स्कूल में, शिक्षा ग्रहण करने के लिए नहीं जा पाते है। दुर्गम मार्ग पगडंडी, कच्ची सड़के व जंगली क्षेत्र होने के कारण सुरक्षा का भय व्याप्त रहता है इस प्रकार इस क्षेत्र की निवासियों के बच्चों को शिक्षा से वंचित होना पड़ता है।

IV. स्वास्थ्य :-

ऐसे क्षेत्र में, स्वास्थ्य सुविधा का अभाव रहता है क्योंकि चिकित्सक अन्य सुविधाओं के अभाव में यहां सेवा देने से असमर्थ रहता है ।

V. बिजली आपूर्ति :-

झोपड़ी वाले आवासीय क्षेत्र में, बिजली नियमित रूप से आपूर्ति नहीं हो पाती है। जिससे यहां के लोगों को कठिनाइयों का सामना करना पड़ता है । इनको मजबूरी में अंधेरे में जीवन यापन करना पड़ता है जिसके कारण लोग बीमारियों के भी शिकार हो जाते है।

VI. परिवहन:-

क्षेत्रों में, परिवहन व्यवस्था नहीं होती है जिससे समस्यात्मक स्थिति होती है, अवलोकन से स्पष्ट है कि यहां व्यक्तियों को कभी-कभी परिवहन सुविधा के अभाव में जान का भी खतरा हो सकता है। बीमार व्यक्ति को निश्चित समय में अस्पताल नहीं पहुंचाए जाने के कारण ऐसी परिस्थितियों का सामना करना पड़ता है।

(ड) 2. सामाजिक असमानता :-

ऐसे आवासीय क्षेत्र के लोगों के साथ असमानता और सामाजिक बहिष्कार और भेद भाव विविध कारणों से होते है

धन की कमी :-

- झोपड़ी मे निवास करने वाले लोगो के पास धन का अभाव होता है।
- वित्तीय सहायता और शासकीय ऋण की सुविधा पहुंच के बाहर रहती है।
- संपत्ति के अधिकारों में स्वामित्व सुरक्षित नहीं रहता है।

II) सामाजिक अलगाव :-

- इस क्षेत्र के निवासी दूसरे आवासीय क्षेत्र से पृथक रहते है जिससे समाज के लोग इनसे अलग रहते हैं ।
- संसाधनों और अवसर इनके पास सीमित होते हुए सामाजिक अलगाव के कारण अपने को निराशाऔर हताशा की भावना जन्म लेती है ।

- बाकी लोगों द्वारा इन्हें कलंकित किया जाता है जिससे इनके मन मस्तिष्क में हीन भावना होती है ।
- सामाजिक भेदभाव के कारण ऐसे लोगों का व्यवहार अपराधी प्रवृति होने की संभावना रहती है

नेताओं या अधिकारियों के द्वारा इनकी उपेक्षा की जाती है जिसके कारण इन्हें बुनियादी सुविधाओं से वंचित होना पड़ता है झोपडी के निवासियों के साथ जाति धर्म के साथ भेदभाव की स्थिति होती है। उपरोक्त अनुसार इन निवासियों के साथ मानसिक, सामाजिक, आर्थिक व सांस्कृतिक रूप से असमानता की स्थिति से गुजरना पड़ता है ।

(ड). 3 सुरक्षा का भय :-

इनके मकान जंगली व पहाड़ी क्षेत्रों से घिरे रहते हैं जिसके कारण जंगली जानवरों, चोर, डाकुओं का भय बना रहता है ।

• झोपड़ियों के बच्चे दुर्गम मार्ग, ऊबड़ खाबड़, जंगली क्षेत्र व नालों से गुज़र कर स्कूल जाते है, जिससे सुरक्षा का भय अक्सर रहता है।

झोपड़ियों के निवासियों के साथ अक्सर प्रशासनिक अधिकारियों व राजनेताओं की अनदेखी से दूसरे असामाजिक तत्वों द्वारा डराया और धमकाया जाता है।जिसके कारण इन्हें मानसिक प्रताड़ना भी का शिकार होना पड़ता है, बुनियादी सुविधाओं से वंचित रहना पड़ा है। जिसके कारण सुरक्षा का भय व्याप्त रहता है।

(ड) 4. बेरोजगारी की समस्या :-

झोपड़ी के निवासियों को रोजगार की कमी रहती है, ये केवल स्थानीय क्षेत्र से जुड़े होते है, इन्हें अर्धबेरोजगारी का सामना करना पड़ता है। उपरोक्तानुसार झोपड़ी में रहने वाले लोगों को समस्या का अत्याधिक ज्वलंत उदाहरण प्रस्तुत है इसके निराकरण करने के ठोस कदम उठाने की आवश्यकता है।

2. कच्चे आवासीय मकान:-

ग्रामीण क्षेत्रों में कच्चे मकान का अर्थ है:-

ऐसे मकान जिनका निर्माण स्थानीय प्राकृतिक वस्तुएँ से बनाया जाता है, उसे कच्चा मकान कहा जाता है। कच्चे मकान गांव में अधिकतम पाए जाते है, यह मकान स्थानीय रूप से उपलब्ध सस्ती सामाग्री से निर्मित होते है। जैसे:- लकड़ी, बांस, मिट्टी ख़परों से बने होते है। कच्चे घर स्थाई व अस्थाई रूप से बनाए जाते है। उपरोक्तानुसार मैने यह पाया कि ग्रामीण क्षेत्रों में कच्चे मकान बहुत मजबूती से बने होते है, इन्हे स्थाई आवास कहते हैं। अस्थाई मकान ऐसे मकान जो कम अवधि के लिए निर्मित किए जाते हैं स्थाई मकान से इनकी मजबूती कम होती है, इसे अस्थाई मकान कहते है। ये भी ठीक स्थाई कच्चे मकान की तरह सामाग्री से निर्मित होते हैं। जैसे :- मिट्टी, बांस, घास, छप्पर, पत्थर, मिट्टी और कच्ची ईंट से बने होते हैं उसे अस्थाई मकान कहा जाता है।

कच्चे मकान का अर्थ:-

ऐसे मकान जिसकी चारों दीवारें और छप्पर प्राकृतिक सामाग्री से बने होते हैं, इसे कच्चा मकान कहा जाता है ।

कच्चे मकान की परिभाषा :-

ऐसा मकान जो मनुष्य के रहने का स्थान होता है ,और चारों दीवारों से घेरकर बनाया जाता है, उसे कच्चा मकान कहा जाता है। यह मकान प्राकृतिक सामग्रियों से बना होता है जैसे:- कच्ची ईंट, लकड़ी, बांस, घास, फूंस छप्पर इत्यादि प्राकृतिक सामग्रियों से निर्मित रहता है। कच्चे मकान की विशेषता निर्मित सामाग्री ये मकान प्राकृतिक वस्तुओं से बने होते हैं, लकड़ी के लट्ठे, बांस के लट्ठे, मिट्टी की ईट और पत्थरों से बने होते है ।

(क)मकान की बनावट:-

ये मकान पिरामिड शैली में बनाएं जाते हैं अर्थात बीच में ऊंचाई होती है तथा दोनों और ढलान होता है, जिसमें पानी का रिसाव नहीं हों पाता है। ये मकान स्थाई और अस्थाई दोनों प्रकार के होते है।

(ख)कच्चे मकानों की सुविधाएं:-

ऐसे मकानों में बुनियादी सुविधाएं आंशिक रूप से पाई जाती है। ऐसे मकानों बिजली व्यवस्था होती तो है किंतु उपयुक्त तरीके से फिटिंग नहीं रहती है। केवल आंशिक प्रकाश के लिए और एक, दो पंखों का उपयोग के लिए व्यवस्था होती।

(ग)कम लागत से निर्मित :-

कच्चे मकान प्रकृति से प्राप्त सामग्रियों से निर्मित होते है, जिसमें आवश्यक वस्तुओ की कीमत ज़्यादा न हो कर कम रहती है जिससे गरीब वर्ग भी इस मकान को तैयार आसानी से कर लेता है।

(घ)कच्चे मकान का स्थायित्व :-

ये मकान पक्के मकानों की तुलना में कम टिकाऊ होते हैं। पर ऐसे मकानों में बाढ़ आपदा के समय पूर्णतः असुरक्षा होती हैं क्योंकि इनकी दीवालें कच्ची कच्ची ईंट या मिट्टी से बनी होती है।

(ड)सामुदायिक भावना :-

कच्चा मकान ग्रामीण समाज का ताना-बाना माना जाता है, यह मकान सामुदायिक भावनाओं का एकीकरण का प्रतीक कहा जाता है।

(च) प्रकृति पर आधारित :-

ऐसे मकान प्रकृति पर आधारित होते हैं, जो प्रकृति के अनुकूलन में सहायक होते हैं। उपरोक्तानुसार पूर्व में उनकी विशेषताओं का वर्णन किया गया किंतु ऐसे मकानों में कुछ समस्याएं भी आती है। जो इस प्रकार है:-

कच्चे मकान में आने वाली समस्याओं का विवरण इस प्रकार है :-

ग्रामीण अंचलों में यह देखा जाता है कि कच्चे मकान प्राकृतिक सामग्रियों से बने होते है,जो कम टिकाऊ रहते है और पक्के मकान मजबूत होते हैं क्योंकि यह पक्की ईंट, लोहे, सीमेंट अन्य मजबूत सामग्रियों का प्रयोग कर बनाए जाते है। इसके ठीक विपरीत कच्चे मकान में समस्या रहती है।जिसका विवरण प्रस्तुत है:

1. खराब संरचना का अभाव। **2.** बाढ़ और बरसात में क्षति होने का भय। **3.** सुरक्षा का डर। **4.** मरम्मत की आवश्यकता **5.** आर्थिक और सामाजिक पहचान **6.** मकान का जीवनकाल **7.** पक्के मकान से कम मजबूत होना आदि है।

1. खराब संरचना का अभाव:-

कच्चे मकान की संरचना उचित नहीं होती है, इनकी संरचना का आंतरिक ढांचा अव्यवस्थित व कमजोर होता है, इसकी दिवाले प्राकृतिक सामग्री से निर्मित होती है, जिसके कारण असमतलीय और असंतुलित दीवालें होती है ।इनमें मजबूत सामग्री का अभाव होता है, और इनके छप्पर में बांस लकड़ी के लट्ठे,घास फूंस आदि का प्रयोग होता है। जबकि ठीक इसके विपरीत पक्के मकानों का ढांचा व्यवस्थित नाप से तैयार

किया जाता है, और इसका आंतरिक ढांचा व नींव मजबूत रूप से तैयार की जाती है।इसमें मजबूत सामग्री का प्रयोग होता है, नई तकनीकी से निर्माण किया जाता है ।

2. बाढ़ और बरसात में क्षति होने की शंका :-

इस प्रकार के मकानों में बरसात के समय पानी और बाढ़ से कच्चे मकान प्रभावित हो जाते है। मकान को भारी क्षति होती है जन और धन की त्रासदी पूर्ण अकल्पनीय हानि भी होती है।मकानों के तबाही का मंजर बड़ा खौफनाक, दर्दनाक होता है। जिसका कच्चे मकानों के गिरने आंखों देखा विस्तृत वर्णन उदाहरण स्वरूप है:- दिनांक **24. 07. 2024** को बेलकुंड नदी में अचानक बाढ़ होने के कारण विकासखंड जिला कटनी के लगभग 10 से 12 गांव जैसे ढीमरखेड़ा, सिमरिया, छोटी पोड़ी, पिपरिया शुक्ल, कछार गांव, घुघरा, घुघरी, हरदी कुकर्रा और अनेकों गांवों में बाढ़ ने प्रचंड कहर ढाया जिसमें सैकड़ों कच्चे मकान ढहे, और तबाही का मंजर अकल्पनीय रहा है। मैंने, अपने पड़ोसियों के कच्चे मकानों को ढहते हुए अपने नेत्रों से देखा, जो मेरे जीवन का भयावह दृश्य तो था ही लेकिन मैने उनके बुजुर्गों व उनकी कमाई को कच्चे मकानों में दफन होते देखा है। उस दिन का दिन बाढ़ प्रभावितों के लिए दुखद भरा तो रहा ही, कई पीढ़ियों की सम्पत्ति व मकानों को बाढ़ ने निगल लिया। "प्रशासन के भी हाथ पांव फूल "गए बुनियादी सुविधाओं को मुहैया कराने के लिए, विविध क्षेत्रों के समाज सेवी, नेताओं ने मोर्चा संभाला और सामान्य जिंदगी पटरी में लाने के लिए तो प्रयास किया किंतु जिनके कच्चे मकान थे आज भी यथावत "ध्वस्त अवस्था "में पड़े हुए है जो लोग दूसरे के घरों में रहने के लिए मजबूर है। इस कहानी को सम्मिलित करने का आशय यह है कि शासन प्रशासन व जन- प्रतिनिधियों को चाहिए कि" आवास "हेतु वास्तविक हकदारी जिसकी बनती है।"शासन की कल्याणकारी प्रधानमंत्री आवास योजना "कच्चे आवासीय वालों को इस योजना का लाभ पहले प्रदाय करने के उपाय किए जाने चाहिए ताकि आगामी रणनीति से

नुकसान से बचा जा सके। इस प्रकार के मकान बरसात और बाढ़ में पूर्णतः असुरक्षित है।यह कहानी कच्चे मकानों को सुरक्षा की कमी को प्रदर्शित करती है।

3. सुरक्षा का डर:-

कच्चे मकानों में प्रायः देखा जाता है कि यह मकान प्राकृतिक वस्तुओं से बना होता है जिसमें आग लगने, तूफान और अन्य खराब मौसम की स्थिति में सुरक्षित की सुरक्षा का डर बना रहता है। यह भी प्रायः देखा जाता है कि कच्चे मकानों में सीमाएं व्यवस्थित नहीं होती जिसके कारण जंगली जानवरों, चोर, डाकू, समाज के असामाजिक तत्वों द्वारा नुकसान करने की स्थिति में आक्रमण करते है, जिससे इसे परिवारों में नुकसानदेह की स्थिति बन जाती है इसीलिए कच्चे मकानों में सुरक्षा का भय जनमानस में व्याप्त रहता है। जैसे हमने परिकलन किया कि वर्तमान परिपेक्ष में शराब से नशे धुत्त और विविध प्रकार के नशीले पदार्थों का सेवन करने वाले व्यक्तियों द्वारा आक्रमण करने की स्थिति संभावित होती है जिससे सुरक्षा व्यवस्था में प्रश्न चिन्ह व्युत्पन्न हो जाता है। चूंकि नशीले पदार्थों के सेवन करने वाले व्यक्ति अचेतन अवस्था में रहते है, जिसके कारण समाज में अनुकूलन नहीं कर पाते हैं। जिससे समाज में सौहार्द और विश्व बंधुत्व के सिद्धांत के विपरीत आचरण प्रस्तुत करता है।

4. मरम्मत की आवश्यकता : -

कच्चे मकानों में प्रतिवर्ष बरसात के पहले मकानों को दुरुस्त किया जाता है, जिसमें व्यय की पुनरावृति प्रतिवर्ष करनी होती है ।

5. आर्थिक और सामाजिक पहचान :-

ऐसे मकानों में रहने वाले लोगों को गरीबी व हीन भावना की दृष्टि से देखते हैं जिससे सामाजिक स्थिति में, इनके साथ भेदभाव किया जाता है। इनके जीवन को निम्न स्तर का माना जाता है। कच्चे मकानों में रहने वाले लोगों के साथ आर्थिक समस्या से भी गुजरना पड़ता है क्योंकि प्राकृतिक

आपदाओं से नुकसान होने पर रखरखाव में अधिक खर्चा की जरूरत होती है। जिससे इनकी आर्थिक व सामाजिक पहचान परलक्षित होती है।

6.**मकान का जीवन काल :**

मकान का जीवन अल्प काल अवधि के लिए होता है क्योंकि यह मकान परिस्थितियों के आधार पर कभी-कभी नुकसान की स्थिति में होते हैं क्योंकि ऐसे मकान में लोग यह देखते हैं कि विशेष परिस्थितियों में जैसे भूकंप, बाढ़, प्राकृतिक आपदा में इस मकान में अनेक समस्या का सामना करने की स्थिति निर्मित हो जाती है। जिसके कारण कच्चे मकान नुकसान देते है क्योंकि यह नुकसान से इसकी स्थिति, विकृत स्थिति को जन्म देती है। जिसके कारण लोग पक्के मकानों की ओर केंद्रित होते हैं। ऐसी परिस्थिति समाज में अत्याधुनिक विकास के लक्षण प्रदर्शित होते है।

उपरोक्त विश्लेषण से स्पष्ट कि समाज के लोगों को बहुत जागरूक होने की आवश्यकता है।जिससे संपूर्ण मानव जाति का विकास संभव है।

3.पक्के आवासीय मकान :

पक्के आवासी मकान का अर्थ है:- ठोस या स्थाई जो ईंट सीमेंट, लोह, गिट्टी, टायल्स आदि से बनाए जाते है, ये कच्चे मकानों से मजबूत बनाए जाते है। पक्के शब्द की उत्पत्ति हिंदुस्तानियों के लिए पका के लिए कहा गया है, जिसका अर्थ पक्का होना होता है, कच्चा नहीं होता है। पक्के मकानों की विशेषता इस प्रकार है:-

(क) मजबूत सामग्रियों का प्रयोग :-

पक्के मकान में मजबूत सामग्री का प्रयोग किया जाता है जैसे- लोहा, सीमेंट, पक्की ईंट, रेत और ठोस सामग्रियों से बनाया जाता है ।

(ख) ठोस नींवः-

पक्के मकानों में कांक्रीट, पत्थर, लोहे सीमेंट से इसकी नींव तैयार की जाती है जो ठोस और टिकाऊ होती है और सामान्य प्राकृतिक घटनाओं को सहन करने की पक्के मकानों में क्षमता होती है। विशेष परिस्थितियों में इसे सुविधाजनक युक्त नींव नए तकनीकी से तैयार कर लेते है।

(ग) सभी परिस्थितियों में अनुकूलनः-

पक्के मकान सर्व सुविधा युक्त होते है जो सभी परिस्थितियों मेंआरामदायक होते है, सभी परिस्थितियों के अनुकूलन हेतु आवश्यक उपकरणों का उपयोग मकान मालिकों के द्वारा सुनिश्चित कर लिया जाता है। इस प्रकार वह अपने पक्के मकानों को अनुकूलित कर लेते हैं।

(घ) उत्तम तकनीकी और सुन्दर संरचनाः-

ग्रामीण क्षेत्र में, आधुनिक तकनीकी के दौर में यह देखा जाता है कि इन मकानों को बनवाने वाले लोगों द्वारा, अभियंताओं से डिजाइन निर्धारित कर नई तकनीकी से मकान बनवाया जाता है। और शहरी (स्टाइल) शैली में मकान का निर्माण ग्रामीण आंचल में भी देखा जाता है जो अत्यंत सुंदर और आकर्षक रहते है।

(ड) पक्के मकानों की अवधिः–

ऐसे मकानों का जीवन काल दीर्घकालिक है क्योंकि यह टिकाऊ वस्तुओं से निर्मित होते है इंजीनियर द्वारा तय डिजाइन, सामग्री की गुणवत्ता और उत्तम सामग्री का निर्धारण कर मकानों का निर्माण करते है।

(च) सर्वोत्तम सुविधायुक्त :-

ऐसे मकानो में सर्व सुविधा होती है जैसे:- विद्युत कनेक्शन व लाइट फिटिंग शौचालय, पेयजल, नाली, निर्माण, रोशन दान खिड़की और सभी आवश्यक सुविधा उपलब्ध होती है जिससे किसी भी प्रकार से तकलीफ देह स्थिति नहीं रहती है। उक्त विश्लेषण से स्पष्ट है कि पक्के मकानों में सभी परिस्थितियों में अनुकूलन बना रहता है।

पक्के मकानों में सुविधा के साथ-साथ कुछ समस्याओं का सामना करना पड़ता है, जिसका विस्तृत विवरण इस प्रकार है :-

I.आर्थिक समस्या

II.सामग्री की अनुपलब्धता ।

III.ऊर्जा की खपत।

IV.पर्यावरण में प्रतिकूल प्रभाव।

V.परंपराओ के विपरीत संरचना ।

पक्के मकान में अधिक लागत लगती है जिसके कारण गरीब व्यक्तियों में आर्थिक समस्या का सामना करना होता है जिससे इस मकान को सभी व्यक्ति नहीं बना सकते हैं। ऐसे आवासीय मकानों का निर्माण करने में सामग्री कभी-कभी परिवहन सुविधा के अभाव में पहुंच से दूर रहती है, जिससे निश्चित अवधि में आवास तैयार नहीं हो पाता है।

(III) ऊर्जा की खपत :-

ऐसे आवासीय मकानों में सुविधा युक्त उपकरणों का उपयोग किया जाता है जिसके विद्युत ऊर्जा की अधिक खपत होती है।

(IV) पर्यावरण में प्रतिकूल प्रभाव :-

पक्के मकानों को आधुनकि तकनीकी से निर्माण करने में पर्यावरण प्रतिकूल होने की स्थिति भी बनती है।

(V) परंपराओ की विपरीत संरचना :-

पक्के मकानों को पुराने परंपराओं विपरीत पश्चिमी शैली के प्रभाव के कारण भारतीय ग्रामीण परंपराओं के विपरीत संरचना देखने को मिलती है। उपरोक्तानुसार ऐसे मकानो में सुविधा के साथ–साथ परंपराओं के विपरीत निर्मित होते है जो रीति रिवाज़ो के अनुसार उपयुक्त नहीं होते है ।

(VI) सामुदायिक भावनाओं के विपरीत होने का डर :-

ऐसे आवासीय मकानों में कच्चे मकानों से विपरीत बने होते है जिसके कारण गरीब या वंचित वर्ग इनसे दूर होता जाता है जिससे सामुदायिक भावना के विपरीत असर होने का डर रहता है। उपरोक्तानुसार अनुकूलता की कमी के लक्षण प्रदर्शित होते है। भारत के ग्रामीण अंचल मे आवासीय मकान के अतिरिक्त इमारतों का विवरण जैसे विद्यालय, आरोग्यम धाम, सामुदायिक भवन, स्कूल, कॉलेज इत्यादि है।

<u>ग्रामीण अंचल में आवास प्राप्त करने के निर्णयात्मक उपाय :-</u>

समाज में आज भी गांव में रहने वाले लोगों के पास झोपड़ी व कच्चे आवास है, पक्के मकानों की व्यवस्था नहीं है जो एक ज्वलंत समस्या का रूप है। जिससे लोगों को आज भी सरकार की लोक कल्याणकारी योजना का लाभ नहीं मिल पा रहा है। जिसके लिए मेरा सुझावात्मक दृष्टिकोण इस प्रकार है :-

वास्तव में, सरकार द्वारा प्रधानमंत्री आवास योजना के अंतर्गत आवास का बहुत लोगों को लाभ मिला है किंतु आज भी गांव में वास्तविक हकदार लोगों को जो गरीबी व अभाव से अपना जीवन व्यतीत कर रहे है, उसे वास्तविक हकदारी नहीं मिली है जिसके लिए ग्राम पंचायत के चयनित जन प्रतिनिधियों को वास्तविक सर्वे निष्पक्ष रूप से कराना चाहिए, और पात्रता धारी व्यक्ति को उसके जीवन में छाया देने का कार्य करवाने में अग्रणी भूमिका का निर्वहन कर, पदीय दायित्वों के

अनुरूप आचरण कर, समाज में, मानवता व न्याय स्थापित कर उदाहरण प्रस्तुत कर, गरीब व वंचित वर्ग के जीवन में" मकान रूपी सुख" का लाभ दिलाने में भागीदारी सुनिश्चित करने में योगदान देना चाहिए।

जन प्रतिनिधियों व सरकार के प्रशासनिक जिम्मेदार अधिकारियों को समाज व जनमानस में जमीनी हकीकत में "आवास प्रक्रिया" की स्वीकृति हेतु व्यापक प्रचार - प्रसार कर समाज में जागरूकता फैलाने का काम निचले पायदान तक किया जाना चाहिए। ताकि गरीब व वंचित वर्ग को सरकार की लोक कल्याणकारी योजना का लाभ मिल सके।

साथ ही आवश्यक बुनियादी सुविधाओं पेयजल व्यवस्था, शिक्षा, स्वास्थ्य, बिजली सड़क के लिए जनसमुदाय को भी जनप्रतिनिधियों व अधिकारियों के बीच आपसी सामंजस्य स्थापित कर, झोपड़ी कच्चे व पक्के मकानों की समस्याओं से निजात पाए जाने में मेरा सुझावात्मक विचार है।इसके अतिरिक्त अन्य आवश्यक सुझाव हो सकते जिससे समस्याओं का निपटान करने में योगदान होगा।

अध्याय – 5

ग्रामीण समाज की बुनियादी सुविधाएं

1.पेयजल व्यवस्था

(क)पेयजल व्यवस्था क्या है ?

भारत के ग्रामीण अंचल में पेयजल व्यवस्था से तात्पर्य है कि गांव में रहने वाले लोगों को स्वच्छ जल की सुरक्षित सुविधा मुहैया कराना, उसे पेयजल व्यवस्था कहते है।

पेयजल व्यवस्था की आपूर्ति के सम्बन्ध में विवरण इस प्रकार है :-

(ख)पेयजल आपूर्ति के स्त्रोत -

ग्रामीण या गांवों में पेयजल व्यवस्था जिसमे जल स्त्रोत जैसे :- जल स्पॉट प्रदाय योजना (वाटर सप्लाई), हैंडपंप, बोरवेल, कुएं एंव नदी आदि मुख्य स्त्रोत है।

यह शासन की जल आपूर्ति योजना ग्रामीण क्षेत्रों में प्रमुखता के साथ लागू की गई जिसमे बोरवेल के माध्यम से ग्राम में जला आपूर्ति की सुविधा मुहैया कराई जाती है। वंचित और गरीब वर्ग भी इस योजना से लाभांवित हो रहा है। इसे ग्रामीण जल आपूर्ति व वाटर सप्लाई ग्रामवासियों के द्वारा नामांकन कर संबोधित किया जाता है।

(II)हैडपंप –

हैंडपंप, ऐसा यन्त्र जो मानव हस्त से संचालित होता है उसे, हैंड पंप कहा जाता है। इसे हिंदी में चापाकाल व मानव हस्त चलित यंत्र कहा जाता है। इस यन्त्र का प्रयोग ग्रामीण इलाकों में पीने के स्वच्छ पानी के लिए व्यापक रूप से किया जाता है। इसके जल को स्वच्छ माना जाता है।

(III)बोरवेल -

बोरवेल में एक संकीर्ण गहरा गड्ढा किया जाता है, जिसमें भूमिगत जल को सबमर्सिबल की सहायता से जल को बाहर लाकर पेयजल व्यवस्था को सुनिश्चित किया जाता है।

ऐसे स्रोतों का प्रयोग गांवों में मध्यम वर्गीय लोगों के द्वारा किए जाने लगा है । अतः इस प्रकार के जल स्त्रोत को स्वच्छ पेयजल की श्रेणी में माना जाता है ।

(IV)कुएं :-

कुएं के जल का प्रयोग ग्रामीण अंचल में आज भी अनेकों क्षेत्रों में किया जाता है जिसे गड्ढा खोदकर भूमिगत जल को बाहर निकाल कर,इसे पीने के स्वच्छ पानी के स्त्रोत के रूप में प्रयोग किया जाता है, जिसे भू-जल स्रोत भी कहा जाता है ।

(V)नदी – नदी जल का स्त्रोत संपूर्ण मानव समाज के लिए ही नहीं प्रकृति के संरक्षण में अनूठा योगदान, अनादि काल से रहा है जो आज पर्यंत जल स्रोतों का मुख्य आधार है ।

बारिश में बर्फ पिघलने व भूमिगत जल से इनका मुख्य स्त्रोत होता है, जो भूमिगत सतह में प्रवाहित हो कर नदी के स्वरूप में परिवर्तित होता है।

(VI)बावड़ी या बिहर :-

बावड़ी शब्द का एक रूप है जिसका अर्थ हिंदी साहित्य में सीढ़ियों वाला कुआं कहा जाता है। भारत में यह जल संरक्षण करने हेतु अनेक क्षेत्रों के साथ - साथ इसका निर्माण कराया गया।

बावड़ी या बिहर,यह एक कुंआ नमूना जलप्रबंधन होती है, इसमें सीढ़ी बनी रहती जो जल स्तर तक पहुंच मार्ग होता है। इसका निर्माण पक्की ईंटों से जोड़कर किया जाता है जो पानी को स्टोर या इकट्ठा कर उपयोग पेयजल के रूप में किया जाता है।

(VII) तालाब – तालाब एक ऐसा जल निकाय है ज़ो चारों ओर भूमि से घिरा होता है उसे तालाब कहते हैं ।यह आमतौर में झीलों से छोटा होता है। तलाब दो प्रकार के होते हैं:-

1. प्राकृतिक तालाब ।

2. मानव निर्मित तलाब ।

(ग)सुदृढ़ पेयजल व्यवस्था का महत्व –

भारत के ग्रामीण क्षेत्रों में सुदृढ़ पेयजल व्यवस्था का महत्व बुनियादी सुविधाएं के साथ-साथ मानव अस्तित्व के लिए अच्छे स्वास्थ्य को बनाए रखने लिए सुरक्षित और स्वच्छ जीवन के लिए अत्याधिक महत्वपूर्ण है :-

1. स्वास्थ्य 2. पर्यावरण में अनुकूलन

3. सामाजिक विकास में बढ़ावा 4. सुरक्षा

(I) स्वास्थ्य

सुरक्षित पेयजल व्यवस्था से स्वास्थ्य में अनुकूलित प्रभाव पड़ता है जिससे हमारे शरीर का तापमान नियंत्रित होता है जो हमारे शरीर के पोषक तत्वों को अवशोषित कर पाचन क्रिया में मदद करता है

(II) पर्यावरण में अनुकूलन

सुरक्षित पेय जल व्यवस्था से जल संग्रहण कर बेहतर पर्यावरण को प्रबंधन करने में सहायता मिलती है

(III) सामाजिक विकास में बढ़ावा

सुरक्षित पेयजल व्यवस्था से समाज की लोगों में बेहतरीन स्वच्छता के प्रभाव से समाज को आदर्श बनाने में बढ़ावा मिलता है जिससे उनका सामाजिक स्तर रहन-सहन का उत्तम प्रकृति का प्रतीक माना जाता है ।

(IV) सुरक्षा

प्राकृतिक आपदा जैसे :- बाढ़, आगजनी, भूकम्प, सूखा व युद्ध आदि में स्वच्छ जल अत्यंत उपयोगी व महत्वपूर्ण होता है क्योंकि प्राकृतिक आपदाओं के दौरान जन धन रिहायशी अड्डे अर्थात आवासीय मकान पूर्णतः ध्वस्त और नष्ट हो जाते है ।जिससे पेयजल व्यवस्था की सुरक्षा की चुनौती सामने खड़ी हो जाती है ।ऐसी अवस्था में उत्तम पेयजल

व्यवस्था का होना अत्यंत महत्व पूर्ण होता है ताकि प्रभावित व्यक्तियों के जीवन को सुरक्षित किया जा सके।

अवस्था में उत्तम पेयजल व्यवस्था का होना अत्यंत महत्व पूर्ण होता है ताकि प्रभावित व्यक्तियों के जीवन को सुरक्षित किया जा सके।

(काव्य रचना)

स्वच्छ पेयजल व्यवस्था,

जीवन का उत्तम नूर बनाता है।

खुशहाली का जीवन रचता,

बीमारियों को दूर भगाता है।।

कुआं, बावड़ी,हैंडपम्प से ,

सबके जीवन को समृद्ध बनाता है

जल स्वच्छता का सुंदर प्रतीक,

इतिहास यही राह बताता है।।

सामाजिक जीवन उत्तम प्रकृति,

का सबको ज्ञान सिखाता है।

स्वच्छ पेयजल व्यवस्था,

जीवन का स्वस्थ यशगान कराता है।

अध्याय – 6

ग्रामीण समाज में कृषि का योगदान

भूमिका -

भारत में लगभग 51.09% भूमि पर खेती होती है, 21.81% भूमि पर जंगल और 3.92% भूमि पर चारागाह है। आधिकारिक तौर पर मान्यता प्राप्त स्रोतों से संकलित विश्व बैंक के विकास संकेतकों के अनुसार, 2018 में भारत में कृषि भूमि (भूमि क्षेत्र का %) 60.43 % रहा है।

राष्ट्रीय कृषि और ग्रामीण विकास बैंक (नाबार्ड) national agriculture and bank of rural development की एक रिपोर्ट के अनुसार भारत के ग्रामीण में 10.47 करोड़ परिवार कृषि पर आधारित है । जो भारत के कुल परिवारों का 48% (प्रतिशत) परिवार खेती पर निर्भर है।

ग्रामीण क्षेत्र में कृषि, ग्रामीण अर्थव्यवस्था का मुख्य आधार है, जो लोगों की आजीविका और खाद्य सुरक्षा सुनिश्चित करने में महत्वपूर्ण भूमिका निभाता है। यह क्षेत्र पारंपरिक तरीकों से आधुनिक तकनीकों तक, विभिन्न प्रकार के कृषि पद्धतियों को अपनाता है, जो स्थानीय परिस्थितियों और जरूरतों के अनुसार होती हैं।

ग्रामीण कृषि का विस्तृत विवरण:

1. **पारंपरिक कृषि:-**

ऐसी कृषि जिसमें कृषकों द्वारा पीढ़ी दर पीढ़ी स्थानीय ज्ञान और अनुभव के आधार पर की जाने वाली कृषि को परंपरागत कृषि कहा जाता है।

कृषि भूमि उपयोगः-

ग्रामीण क्षेत्रों में कृषि, भूमि के उपयोग के संदर्भ में, विभिन्न प्रकार की फसलों, सब्जियों, बागवानी, मत्स्य पालन और पशुपालन सहित, विविध रूप से होती है।

फसल चक्रः-

प्रायः गांव में देखा जाता है कि लघु किसान बहुतायत मात्रा में पाए जाते हैं, यह अपने खेतों में मुख्य तीन प्रकार की फसलें उत्पादित करते हैं जिसका विवरण इस प्रकार है:-

1 खरीफ की फसल (crops of khareef)-

खरीफ की फसल की अवधि जून से सितंबर माह के मध्य रहती है। जिस क्षेत्र विशेष में, मैं निवास करता हूं उस क्षेत्र में खरीफ की फसल जैसे : धान, बाजरा, गन्ना, ज्वार, मक्का, कुदवा अरहर इत्यादि।

1. रवि की फसल (crops of ravi)-

बरसात के मौसम समाप्ति के बाद रवि की फसल बोने का समय आता है, यह अक्टूबर माह से लेकर अप्रैल के प्रथम सप्ताह तक इन फसलों की अवधि मानी जाती है। इसकी मुख्य फसले जैसे: गेहूं चना मटर मसूर, सरसों, धना, जो इत्यादि उत्पादित की जाती है।

किंतु यह भी देखा गया कि वर्तमान में सिंचाई की उपलब्धता होने के कारण कुछ क्षेत्रों में धान भी बोई जाने लगी है। जिसके उदाहरण सिवनी और बालाघाट कटंगी, बरघाट लालबर्रा क्षेत्र में अधिकांश लगाई जाती है।

2. जायाद की फसलें (crops of zaid)-

ग्रामीण या देहात क्षेत्र में कुछ फसलें मार्च या जून की अवधि में रहती है, जिसको जायाद की फैसले कहा जाता है। जैसे तरबूज, खरबूज,

खीरा, ककड़ी, प्याज, टमाटर, आलू, पालक, गोभी, मेथी, मूली, अदरक गाजर, चुकंदर लौकी कद्दू मिर्ची या लहसुन इत्यादि ।

इस प्रकार पारंपरिक कृषि में, फसल चक्र मौसम, मिट्टी की स्थिति और उपलब्ध संसाधनों के अनुसार बिवाई होती है, उपरोक्तानुसार फसलों को क्रमबद्ध रूप से बोया जाता है.

बागवानी कृषि:-

परिभाषा:-

बागवानी कृषि, न केवल ग्रामीण क्षेत्र में अपितु सभी क्षेत्रों में बागवानी सुविधा के आधार भी की जाती है। बागवानी उन पौधों का अध्ययन है जो आमतौर पर किसी बगीचे या उद्यान में पाए जाते हैं, जिसमें फल और सब्जियां भी शामिल हैं।

बागवानी के स्थान:-

वर्तमान में बागवानी करने का एक प्रचलन बन चुका है, बागवानी में पौधों की खेती आमतौर पर बगीचे की जगहों, विविध स्थानों में होती है जैसे:- नर्सरी, ग्रीनहाउस, अंगूर के बागों, पार्कों, मनोरंजन क्षेत्रों आदि में होती है।

बागवानी के प्रकार:-

बागवानी के विभिन्न प्रकार (अनुशासन) हैं, जैसे फल और सब्जियों की खेती (पोमोलॉजी और शर्बत उत्पादन), फूलों की खेती (फ्लोरीकल्चर), और सजावट के लिए पौधे प्राकृतिक छटा (लैंडस्केप) बागवानी ।

अध्ययन का क्षेत्र:-

बागवानी उच्च मूल्य वाले, गहन रूप से उगाए जाने वाले खाद्य और सजावटी पौधों के विकास, टिकाऊ उत्पादन, विपणन और उपयोग का विज्ञान और कला है।

बागवानी का महत्व:-

इस प्रकार बागवानी हमारे जीवन को सर्वोत्तम व आदर्श वातावरण समाज में बनाने के लिए बागवानी जीवन की गुणवत्ता का निर्धारण करती है, हमारे पर्यावरण और मानवीय दृष्टिकोण का सौंदर्य प्रतीक केन्द्रित करती है जो वास्तविक स्थिति की स्थिरता और पुनर्वास में भी योगदान देती है ।

2.आधुनिक कृषि में तकनीकी:-

आधुनिक कृषि, वैज्ञानिक और तकनीकी प्रगति का उपयोग करके खेती करने की एक प्रणाली है, जो उत्पादन बढ़ाने और पर्यावरणीय प्रभाव को कम करने के लिए डिज़ाइन की गई है यह किसानों को बेहतर उत्पादन प्राप्त करने और उनकी दक्षता बढ़ाने में मदद करता है।

उच्च उपज वाले बीज (HYV):-

आधुनिक कृषि में, उच्च उपज वाले बीजों का उपयोग करके फसलों की पैदावार में वृद्धि की जाती है।

रासायनिक उर्वरक और कीटनाशक उपयोग:-

ग्रामीण क्षेत्र में, उर्वरक और कीटनाशकों का उपयोग करके फसलों की वृद्धि को बढ़ाया जाता है और कीटों से बचाया जाता है।

सिंचाई:-

सिंचाई तकनीक का उपयोग करके, पानी की कमी वाले क्षेत्रों में भी खेती करना संभव होता है। सिंचाई तकनीक एक कृत्रिम तरीका है जिससे मिट्टी या कृषि क्षेत्र में पानी को पहुँचाया जाता है ताकि पौधों को पानी मिल सके। यह पानी की आपूर्ति को नियंत्रित करने और फसलों की पानी की जरूरत को पूरा करने का एक तरीका है।

सिंचाई तकनीक के प्रकार:-

सतही सिंचाई:-

सतही सिंचाई में, कृषकों द्वारा यह एक पारम्परिक तरीका अपनाया जाता है जिसमें पानी को खेत की सतह पर फैलाया जाता है, जैसे कि भराव (बाढ़) सिंचाई, नाली द्वारा सिंचाई की जाती है।

ड्रिप सिंचाई या स्प्रिंकलर:-

इस तकनीक में पानी को सीधे पौधों की जड़ों तक पहुँचाया जाता है, जैसे कि ड्रिप सिंचाई या स्प्रिंकलर सिंचाई।

उप-सतही सिंचाई:-

इस विधि में पानी को भूमि के नीचे पाइपों के माध्यम से पहुँचाया जाता है ।

फुहार सिंचाई:-

इस तकनीक में पानी को हवा में छिड़काव किया जाता है ताकि यह वर्षा की तरह जमीन पर गिर सके।

ग्रामीण सिंचाई तकनीक के लाभ:-

इस प्रकार सिंचाई के द्वारा खेतों में फसलों का हरा – भरा बनाने में जल से लाभांश की प्राप्ति हो जाती है।

(क)फसल उत्पादन में अधिकता:-

सिंचाई से फसलों को पर्याप्त पानी मिलता है, जिससे फसल और उत्पादन वृद्धि में सुधार होता है।

(ख)पानी की बचत:-

कुछ सिंचाई तकनीकों, जैसे कि ड्रिप सिंचाई, पानी के उपयोग को कम करने में मदद करती हैं।

(ग)फसल सुरक्षा:-

वर्तमान सिंचाई के माध्यम से ग्रामीण शासन की बहुआयामी योजना के माध्यम से साधन की उपलब्धता से फसलों को सूखे से बचाया जा सकता है। जो किसानों के जीवन में जीवंतता का कार्य किया है।

खरपतवार नियंत्रण:-

सिंचाई से खरपतवारों की वृद्धि को नियंत्रित किया जा सकता है:-

मिट्टी का संरक्षण:-

मिट्टी का संरक्षण रोकने के लिए ड्रिप सिंचाई के करने से मिट्टी कटाव नहीं होता है। जो मृदा संरक्षण में सहायक होता है जिसको रोकने के लिए ड्रिप सिंचाई का उपयोग करें, मिट्टी में नमी बनाए रखने के लिए मल्च का उपयोग करें, और ढलान वाली जमीन पर समोच्च जुताई करें। सिंचाई से मिट्टी के कटाव को रोका जा सकता है।

सिंचाई तकनीक के नुकसान:-

जल प्रदूषण:-

सिंचाई का जल नदी तालाबों में संग्रहित होने से जल प्रदूषित के सम्भावना हो सकती है जिससे यदि सिंचाई का पानी दूषित है, तो इससे जल प्रदूषण हो सकता है।

भूमि की उर्वरता में कमी:-

अधिक मात्रा में पानी का उपयोग करने से भूमि की उर्वरता में कमी आ सकती है।

ऊर्जा का उपयोग:-

सिंचाई यंत्रों को चलित करने हेतु विद्युत ऊर्जा का होना आवश्यक है, सिंचाई के लिए ऊर्जा की आवश्यकता होती है, जिससे ऊर्जा की अधिक खपत हो सकती है।

अधिक -सिंचाईः-

अधिक सिंचाई से फसलों के लिए हानिकारक हो सकता है इसीलिए फसलों को अधिक पानी का उपयोग करने से बचना चाहिए क्योंकि भूमि में अधिक जल जमाव से नुकसान हो सकता है, जिससे फसलों के उत्पादन में गिरावट हो सकती है।

वर्तमान यह परिकलन किया गया कि सिंचाई तकनीक एक महत्वपूर्ण कृषि तकनीक का अंग है जो फसलों की पानी की जरूरतों को पूरा करने में मदद करती है। लेकिन, इसके उपयोग को सावधानी से करना चाहिए ताकि जल प्रदूषण और भूमि की उर्वरता में कमी जैसी समस्याओं से बचा जा सके।

आधुनिक यन्त्र (मशीनरी):-

प्रायः ग्रामीण अंचल में आधुनिक कृषि तकनीकी का तेजी से उपयोग किया जा रहा है जिससे बृहद स्तर में कृषि का कार्य किया जाने लगा है। कृषि में आधुनिक मशीनरी का आशय यह है कि ऐसे यंत्रों का प्रयोग करना चाहिए जिसमें किसान खेती को अधिक कुशल, तेज और प्रभावी बनाते हैं।

आधुनिक मशीनों का जैसे – ट्रैक्टर, हार्वेस्टर, सीड ड्रिल, स्प्रेयर, और सिंचाई प्रणालियों जैसे – सतही सिंचाई, ड्रिप सिंचाई, फुहार वाली सिंचाई के उपकरण शामिल हैं।

आधुनिक कृषि मशीनरी के कुछ उदाहरणः-

ट्रैक्टरः-

यह उपकरण कृषि कार्य का मुख्य अभिन्न अंग है जिससे विविध प्रकार के कार्यों के लिए इसका उपयोग किया जाना एक महती आवश्यकता है।इस उपकरण से खेती के विभिन्न कार्यों जैसे – जुताई, बुआई, और फसल कटाई के लिए उपयोग किया जाता है।

हार्वेस्टरः-

फसल की कटाई के लिए उपयोग होता है, जिससे समय और श्रम की बचत होती है बहुत बड़े भू भाग की फसलों को कम समय पर काट कर किसान सुरक्षित कर लेने कामयाब हो जाता है। जो बृहद भू भाग में कृषि में तकनीक से सफलता अर्जित कर लेता है।

सीड ड्रिलः-

यह उपकरण बीज बोने के लिए उपयोग किया जाता है, जिससे बीज को सही गहराई और सही दूरी पर बीज को बोया जा सकता है, जिससे फसल का जमाव बराबर व आकर्षक होता है।

स्प्रेयरः

कीटनाशकों और अन्य रसायनों को फसलों पर छिड़काव करने के लिए उपयोग होता है, जिससे फसल को बीमारियों और कीटों से बचाया जा सकता है।

सिंचाई प्रणालियाँः-

पानी को फसलों तक पहुंचाने के लिए इस्तेमाल होती है, जिससे फसल को सही समय पर पानी मिल सके और फसल को हरा – भरा और पुष्ट करने में महत्वपूर्ण प्रणाली होती है।

रोटावेटरः-

मिट्टी को भुरभुरा करने और जुताई करने के लिए उपयोग किया जाता है, जिससे बीज बोने के लिए अच्छी मिट्टी तैयार होती है।

हैरोः-

मिट्टी को समतल करने और ढेले तोड़ने के लिए और खरपतवार को नष्ट करने में हैरो यन्त्र का प्रयोग किया जाता है। जो खेत को बोने के पूर्व उत्तम मिट्टी बनाने में सहायक होता है।

आधुनिक कृषि मशीनरी के फायदे:-

(क)समय और श्रम की बचत:

मशीनरी का उपयोग करने से खेती के कार्यों को तेजी से और कम श्रम से काम निपटान किया जा सकता है ।

(ख)उत्पादन में वृद्धि:-

मशीनरी का उपयोग करने से खेती की उत्पादकता बढ़ जाती है, जिससे अधिक उपज प्राप्त होती है ।

(ग) दक्षता में वृद्धि:

मशीनरी का उपयोग करने से खेती के कार्यों को अधिक कुशलता से किया जा सकता है

(घ)खर्च में कमी:-

मशीनरी का उपयोग करने से खेती के खर्च को कम किया जा सकता है, क्योंकि कम श्रम की आवश्यकता होती है.

निष्कर्ष:-

आधुनिक कृषि मशीनरी का उपयोग खेती को अधिक कुशल और प्रभावी बनाने में मदद करता है। यह किसानों को समय, श्रम और खर्च बचाने में मदद करता है, जिससे उत्पादन में वृद्धि होती है। जिससे आय में वृद्धि स्वाभाविक होगी। आधुनिक कृषि में, ट्रैक्टर, हार्वेस्टर और अन्य मशीनरी का उपयोग करके खेती को और अधिक कुशलता से किया जाता है।

2. कृषि क्षेत्र में चुनौतियां:-

जलवायु परिवर्तन:-

जलवायु परिवर्तन के कारण, मौसम में बदलाव और प्राकृतिक आपदाएं जैसे बाढ़,आगजनी, ओला या बेमौसमी अत्याधिक जलभराव

इत्यादि कृषि को प्रभावित करती हैं। जिससे कभी कभी किसानों को अत्याधिक नुकसान का सामना करना पड़ता है और सारी लागत मिट्टी में मिल जाती है।

जल स्तर की कमी:-

भूजल स्तर में कमी और सिंचाई के लिए पानी की कमी, कृषि के लिए एक बड़ी चुनौती है।

भूमि का क्षरण:-

वर्तमान के परिदृश्य में, अत्याधिक खाद्यों का उपयोग किया जा रहा है जिससे भूमि का क्षरण और मृदा की गुणवत्ता में कमी, कृषि उत्पादन को प्रभावित करती है ।

कीटनाशकों और उर्वरकों का उपयोग:-

फसलों को रोगों से बचाने के लिए कीटनाशकों और उर्वरकों के अत्यधिक उपयोग से पर्यावरण और स्वास्थ्य को नुकसान पहुंचता है ।

3. कृषि में सुधार:-

सतत कृषि:-

सतत कृषि में, पर्यावरण को ध्यान में रखते हुए कृषि पद्धतियों को अपनाया जाता है, जो मिट्टी की गुणवत्ता को बनाए रखने, पानी के उपयोग को कम करने और जैव विविधता को बढ़ावा देने में मदद करता है।

कृषि में तकनीक प्रौद्योगिकी का उपयोग:-

कृषि में तकनीक का उपयोग करके, जैसे कि सटीक खेती, ड्रोन का उपयोग और कृषि डेटा विश्लेषण, कृषि उत्पादन में वृद्धि की जा सकती है।

कृषि बाजार (agriculture market):-

कृषि विपणन में सुधार करके, किसानों को उनकी उपज का उचित मूल्य मिल सकता है और उन्हें आर्थिक लाभ हो सकता है ।

कृषि (लोन) ऋण:-

शासन कृषकों को कृषि ऋण प्रदाय करती है और वित्तीय सहायता के माध्यम से, कृषक अपनी खेती को पहले से अधिक उन्नत कर सकते हैं और आधुनिक तकनीक को अपनाकर अधिक उत्पादन में वृद्धि कर सकते हैं।

4. कृषि और ग्रामीण विकास:-

जीविकोपार्जन:-

ग्रामीण क्षेत्रों में लोगों की जीविकोपार्जन का मुख्य साधन कृषि है और इससे ग्रामीण अर्थव्यवस्था को भी बढ़ावा मिलता है ।

कृषि खाद्य सुरक्षा:-

कृषि, खाद्य सुरक्षा सुनिश्चित करने में भी महत्वपूर्ण भूमिका निभाती है, जो ग्रामीण क्षेत्रों में लोगों के लिए आवश्यक है।

ग्रामीण विकास:-

कृषि ग्रामीण विकास के लिए आवश्यक है, और इसके माध्यम से ग्रामीण क्षेत्रों में रोजगार के अवसर पैदा होते हैं और लोगों की जीवन स्तर में सुधार होता है ।

उपसंहार :-

संक्षेप में, ग्रामीण कृषि ग्रामीण अर्थव्यवस्था और ग्रामीण विकास के लिए एक महत्वपूर्ण भूमिका निभाती है कृषि में सुधार करके, ग्रामीण क्षेत्रों में लोगों की आजीविका और खाद्य सुरक्षा में सुधार हो सकता है, जिससे ग्रामीण विकास को भी बढ़ावा मिलेगा ।

ग्रामीण पशुपालन:-

ग्रामीण क्षेत्रों में, पशुपालन एक महत्वपूर्ण आर्थिक गतिविधि है। पशुपालक अपनी जरूरत के लिए दूध और मांस प्राप्त करते हैं और अतिरिक्त उत्पादन को बेचकर आय भी अर्जित करते हैं। बागवानी या उद्यान विज्ञान (Horticulture) का अर्थ है फल, सब्जियां, फूल, पेड़, और सजावटी पौधों को उगाने की कला और विज्ञान. यह कृषि विज्ञान की तुलना में छोटे और अधिक नियंत्रित पैमाने पर पौधों की खेती से संबंधित होता है।

पशुपालक:-

पशुपालन भी ग्रामीण कृषि का एक रूप जिसमें गाय, भैंस, भेड़, बकरी, और अन्य पशुओं को पाला जाता है, जो दूध, मांस और अन्य उत्पादों का स्रोत होते हैं।ग्रामीण क्षेत्र में गाय, भैंस और बकरी, मुख्य रूप से ग्रामीण पशुपालकों द्वारा पाले जाते हैं।गाय और भैंस को दूध उत्पादन और कृषि कार्य के लिए पाला जाता है, जबकि बकरियों को दूध और मांस के लिए पाला जाता है।

गाय और भैंस:-

आज भी ग्रामीण क्षेत्रों में, गाय, बैल और भैंस को मुख्य रूप से दूध उत्पादन के लिए पाला जाता है। नर भैंसों व बैलों को कृषि कार्य, जैसे कि जुताई और परिवहन के लिए भी उपयोग किया जाता है।

बकरी:-

गांवों में बकरियां, दूध और मांस के लिए पाले जाने वाले छोटे पशु होते हैं। लोग अपनी आजीविका के लिए बकरी पालन का कार्य करते हैं। जिससे उन्नत होकर अपने निजी कार्यों को को निष्पादित करते है। इस तरह पशुपालक अपने जीवन उत्तम करने में क्रमशः गतिशीलता लाते है। जिससे आर्थिक विकास को बढ़ावा मिलता है।

मत्स्य पालन -

परिचय:-

जिससे इन्हे टैंकों या तालाबों में पाला जाता है। जिसका विवरण इस प्रकार है:-

मत्स्य पालन:-

मछलियों का पालन करना, चाहे वो व्यावसायिक उद्देश्य से हो या व्यक्तिगत रूपों में देखने को मिलता है ।

जलीय खेती:-

जल में पौधों और जानवरों को पालने की प्रक्रिया को जलीय खेती कहा जाता है।

अनुकूलित वातावरण:-

मत्स्य पालकों द्वारा मछलियों को पालने के लिए खास जगह तैयार की जाती है, जिससे इन जीवों का संरक्षित रखा जाना सुविधा जनक होता है। जैसे :- मछली टैंक, पोखर या तालाब इत्यादि। इस प्रकार मत्स्य पालक अनुकूलित वातावरण उपलब्ध करते है

1. आर्थिक लाभ:-

वर्तमान में वृहद रूप से का मछली पालन किया जाने लगा है , ग्रामीण कस्बों के मछली बाजार में विक्रय करके जीवकोपार्जन करते है और खाद्य पदार्थों के रूप में इनका उपयोग किया जाता है।

2. भोजन:-

मछलियों को पालने का मुख्य उद्देश्य होता है भोजन के लिए मछली का उत्पादन करना। मत्स्य पालन को मछलियों को पालने के तरीके और मछली पकड़ने के क्षेत्र को भी संदर्भित करता है। यह ग्रामीण क्षेत्रों में एक महत्वपूर्ण व्यवसाय और रोजगार का स्रोत भी हो सकता है।

कृषि से जुड़े लघु कुटीर उद्योग:-

भूमिका

कृषि से जुड़े लघु कुटीर उद्योग ग्रामीण अर्थव्यवस्था को मजबूत करने और रोजगार के अवसर पैदा करने में महत्वपूर्ण भूमिका निभाते हैं।

इनमें बांस, अरहर, और कुछ अन्य फसलों के तनों और पत्तियों से डलियाँ, टोकरियाँ, चटाइयाँ, और हस्तचलित पंखे बनाना शामिल हैं-

महिला सशक्तिकरण:-

कृषि और कुटीर उद्योगों में महिलाओं की भागीदारी महत्वपूर्ण है, और उनके विकास से महिलाओं का सशक्तिकरण होता है.

राष्ट्रीय उत्पादन में योगदान:-

लघु और कुटीर उद्योग राष्ट्रीय उत्पादन में योगदान करते हैं और अर्थव्यवस्था को मजबूत करते हैं।

पारंपरिक ज्ञान का संरक्षण:-

ये उद्योग पारंपरिक ज्ञान और कौशल को संरक्षित करते हैं और उन्हें आगे आने वाली पीढ़ी तक पहुंचाते हैं । राजभाषा विभाग, गृह मंत्रालय के अनुसार, बांस से बने उत्पाद, जैसे कि डलियाँ और टोकरियाँ, ग्रामीण क्षेत्रों में व्यापक रूप से बनाए जाते हैं और बेचे जाते हैं ।

इसके अलावा, सन (मूंज) की रस्सी और (मोढ़े) जूना बनाना, लकड़ी के लठ्ठे (बेंत) से कुर्सी और मेज बनाना भी कृषि आधारित कुटीर उद्योगों के उदाहरण हैं। कृषि से जुड़े लघु कुटीर उद्योग:बांस से बने उत्पाद: डलियाँ, टोकरियाँ, चटाइयाँ, टोपियाँ, सींका, पिंजड़े और हस्तचालित पंखे इत्यादि बनाए जाते है और आज भी गांवों इनका उपयोग किए जाने का प्रचलन पाया जाता है जिससे ये प्रदूषण मुक्त उत्पाद होते है

खाद्य प्रसंस्करण:-

फल, सब्जियां, और अन्य खाद्य पदार्थों का प्रसंस्करण और पैकेजिंग में इनका प्रयोग किया जाता है है ।

हस्तशिल्प:

ऐसे उत्पाद जो कृषि पर आधारित होते है जो आज भी इनकी महती आवश्यकता समाज में है। कृषि उत्पादों से बने हस्तशिल्प, जैसे कि हस्तशिल्प, कढ़ाई, बुनाई, साड़ियों को जरीदार बनाने के लिए उत्पाद किए जाते है ।

कृषि उपकरण व अन्य निर्माण:-

2.1 कृषि उपकरणों का निर्माण:-

जैसे कि हल, जुवा अर्थात जोड़ी, ढींगरा, बखर, चट्टावर और लकड़ी से बनाए जाते है।

2.3 लकड़ी की वस्तुएं:-

पालकी,खटिया (पलंग) देसी,दरवाजे, खिड़की,रोशनदान, आर्गेनी (जिसमें कपड़ों को व्यवस्थित रखा जाता है) किमडियां, खूंटी, आलमारी, पटा, बैलगाड़ी, इत्यादि।

2.4 मिट्टी की वस्तु:-

गांव में मिट्टी के बर्तन घड़ा, रोटी का तवा सुराही,कुल्हड़,भोजन संग्रह करने के बर्तन इत्यादि।

कृषि से जुड़े उद्योग

कृषि आधारित उद्योगों का विवरण इस प्रकार है:-

1. खाद्य पदार्थ उद्योग:-

पापड़, अचार, और अन्य पारंपरिक खाद्य पदार्थों का निर्माण करना होता है।

2. डेयरी उद्योग: -

मशरूम का उत्पादन और बिक्री डेयरी और पोल्ट्री में दूध, दही, पनीर, और अन्य डेयरी उत्पादों का उत्पादन, और मुर्गी पालन इत्यादि।

3. कपड़ा उद्योग:-

यह उद्योग सूती, ऊनी, रेशमी, और अन्य प्राकृतिक और सिंथेटिक फाइबर से कपड़े और वस्त्रों के उत्पादन से संबंधित है।

4. चीनी उद्योग:-

यह उद्योग गन्ने या अन्य शर्करा वाली फसलों से चीनी के उत्पादन से संबंधित है।

कृषि उद्योगों का महत्व:

कृषि आधारित कुटीर उद्योगों ग्रामीण अर्थव्यवस्था को मजबूत करना । कृषि आधारित कुटीर उद्योग ग्रामीण क्षेत्रों में रोजगार के अवसर पैदा करते हैं और आय का एक महत्वपूर्ण स्रोत है।

इस प्रकार भारतके ग्रामीण क्षेत्रों में कृषि का अत्यंत महत्वपूर्ण योगदान है ।

आर्थिक विकास :-

कृषि समाज के लोगों की आर्थिक संपन्नता होती है, जिससे अनेक क्षेत्रों में इनका, विकास रहता है इनके द्वारा विविध प्रकार के उद्योग धंधे, लघु व कुटीर उद्योग ,विद्यालय, कारखाने, कृषि का अधिकतम क्षेत्र इन्हीं का होता है, जिससे इनके उद्योग धंधों में अन्य वर्ग के लोगों के द्वारा कार्य किया जाता है। जिससे इनके आर्थिक विकास में उन्नति तो होगी ही

अन्य वर्गों की आर्थिक आय में वृद्धि हुई है। चूंकि इनके कारखानों, उद्योगों, व कृषि के क्षेत्रों में, इन्हें रोजगार की प्राप्ति हुई है। जिससे इनके साथ-साथ दूसरे वर्गों को भी आर्थिक क्षेत्र में वृद्धि हुई, जिसमें इनका सामाजिक स्तर भी उत्तम रहा है।

वास्तव में, गांवों में भी रोजगार के अवसर विभिन्न प्रकार के स्थलों प्राप्त हो रहे है रहे, जिनमें आर्थिक विकास में इनका का समाज निर्माण योगदान स्वीकार किए जाने योग्य है।

अध्याय – 7

भारतीय ग्रामीण समाज में आधुनिक शिक्षा का उदय

(Emerging of the modern education in the rural indian society)

विश्व के इतिहास में दुनिया में शिक्षा क्रांति का आगाज चीन और यूरोप से बताया जाता है। प्रश्न है कि दुनिया का सबसे पहला टीचर को किसने पढ़ाया?

इस पर दो मुख्य मत हैं। कुछ लोग अरस्तू को पहला शिक्षक मानते हैं, तो कुछ कन्फ्यूशियस को। अरस्तू को "पहला शिक्षक"इसीलिए माना जाता है, क्योंकि उन्होंने शिक्षा और शिक्षकों के महत्व पर जोर दिया था। उन्होंने एथेंस में "लाइकियन" नामक अपना स्कूल भी स्थापित किया था। वहीं, कन्फ्यूशियस को भी दुनिया का पहला शिक्षक माना जाता है, क्योंकि वह एक महान दार्शनिक और शिक्षक थे, जिन्होंने नैतिकता, शिक्षा और सदाचारी जीवन पर जोर दिया।

अरस्तूः -

अरस्तू एक ग्रीक दार्शनिक थे, जिन्होंने शिक्षा के महत्व पर जोर दिया और अपना स्कूल स्थापित किया। वे "लाइकियन" स्कूल में शिक्षा के लिए जाने जाते हैं।

कन्फ्यूशियसः-

कन्फ्यूशियस चीन के एक दार्शनिक और शिक्षक थे। उन्होंने नैतिकता, शिक्षा और सदाचारी जीवन के महत्व पर जोर दिया और उनकी शिक्षाओं का चीन और उसके बाद के देशों में भी प्रभाव पड़ा।

परिचय :-

भारत में आधुनिक शिक्षा के जनक लॉर्ड मैकाले को माना जाता है। उन्होंने 1835 में "भारतीय शिक्षा पर मिनट" प्रस्तुत किया, जिसमें अंग्रेजी शिक्षा की स्थापना के लिए तर्क दिया गया था ब्रिटिश शासन के दौरान भारत में आधुनिक शिक्षा प्रणाली की शुरुआत हुई थी। लॉर्ड मैकाले ने अंग्रेजी शिक्षा को बढ़ावा देने के लिए सरकारी संसाधनों के आवंटन पर जोर दिया, और प्राच्य शिक्षा के संस्थानों को बंद करने की वकालत की।

भारत देश में सर्वप्रथम महिला शिक्षक, माता सावित्रीबाई फुले जी ने बालिका शिक्षा में ज्ञान की ज्योति की अलख जगाई, जिसमें शुरुआत में 6 बालिकाओं को पढ़ाकर के बालिकाओं के लिए ज्ञान के दरवाजे सदा के लिए खोल दिया। जिससे वर्तमान में बालिका शिक्षा का ग्रामीण अंचल में भी शिक्षा की आहट की गूंज सुनाई दे रही है और बालिका सभी प्रकार के क्षेत्रों में सक्रिय हुई है और महिला शिक्षा को बढ़ावा देने और सशक्तिकरण की दिशा में महत्वपूर्ण योगदान देने के लिए जाना जाता है। सावित्रीबाई फुले भारत की पहली महिला शिक्षिका थीं। सावित्रीबाई फुले और उनके पति ज्योतिबा फुले ने 1848 में पुणे में भारत का पहला बालिका विद्यालय स्थापित किया। सावित्रीबाई फुले ने सामाजिक रूप से वंचित महिलाओं को शिक्षित करने के लिए एक मजबूत आधार स्थापित किया। उनका काम भारत में महिला शिक्षा के इतिहास में एक महत्वपूर्ण मोड़ था।

इस तरह से भारत में 1848 में भारत की प्रथम महिला शिक्षक सावित्री फूले जी का इतिहास में अविस्मरणीय योगदान है। जिन्होंने स्त्री शिक्षा को संघर्ष के परिणाम स्वरूप बालिका शिक्षा की जनक के रूप में जानी जाती है।

ग्रामीण शिक्षा का इतिहास :-

भारत के ग्रामीण क्षेत्रों में शिक्षा का इतिहास बहुत पुराना है, लेकिन आधुनिक शिक्षा प्रणाली का विकास औपनिवेशिक काल में हुआ। 1813 के चार्टर अधिनियम से आधुनिक शिक्षा की दिशा में पहला ठोस कदम उठाया गया, लेकिन 1835 के मैकाले मिनट्स द्वारा भारत में आधुनिक शिक्षा प्रणाली की नींव रखी गई. ग्रामीण क्षेत्रों में शिक्षा को बढ़ावा देने के लिए, 1843-53 के बीच जेम्स थॉमसन ने स्थानीय भाषा में ग्रामीण शिक्षा के विकास हेतु एक व्यापक योजना लागू की, जिसमें प्रायोगिक विषयों को पढ़ाया जाता था।

ग्रामीण शिक्षा क्या है?

भारत में ग्रामीण शिक्षा से तात्पर्य यह है कि" दूरस्थ और दुर्गम क्षेत्रों में स्थित विद्यालयों में दी जाने वाली शिक्षा से है, "जहां शिक्षा की पहुंच और गुणवत्ता में कई चुनौतियां होती हैं। यह शिक्षा ग्रामीण बच्चों को उनकी विशिष्ट आवश्यकताओं और संदर्भों के अनुरूप ज्ञान और कौशल प्रदान करने का प्रयास करती है।जिसे ग्रामीण शिक्षा कहा जाता है।

परिभाषा:-

शिक्षा मंत्रालय के अनुसार, ग्रामीण शिक्षा का अर्थ है दूरस्थ या असुविधाजनक यातायात स्थितियों वाले क्षेत्रों में स्थित स्कूलों में दी जाने वाली शिक्षा को ग्रामीण शिक्षा कहा जाता है।

डॉ भीमराव अंबेडकर के अनुसार :-

भीमराव अम्बेडकर ने शिक्षा को शेरनी का दूध बताया था। उन्होंने उपदेश दिया कि 'शिक्षा शेरनी के दूध के समान है, जो इसे पीये उसे दहाड़ना चाहिए। एस के तंतुवाय के अनुसार परिभाषा "शिक्षा एक ऐसी सशक्त प्रक्रिया है जो अंधकार को चीरकर, जीवन के चहुमुखी मार्गों की मास्टर चाबी होती है।" उसे शिक्षा कहते है।

ग्रामीण शिक्षा का चित्रण :

भारत के गांवों में आज भी शिक्षा के स्तरों को देखकर चिंता का विषय है,जिससे शिक्षा में गुणवत्ता का अभाव पाया जाता है जैसे:-बुनियादी सुविधा की समस्या, शिक्षकों के रिक्त पदों की समस्या, बच्चों को विद्यालय में आने की चुनौती, सरकारी योजना के लक्ष्य की पूर्ति की समस्या इत्यादि।

बुनियादी सुविधा की समस्या:-

ग्रामीण क्षेत्रों में, अनेकों विद्यालय में पर्याप्त कक्षों का अभाव, फर्नीचर, और स्वच्छ पानी तक पहुँच नहीं, जिससे प्रभावी शिक्षा देना मुश्किल हो जाता है।

शिक्षकों के रिक्त पदों की प्रतिपूर्ति :-

ग्रामीण क्षेत्रों में शिक्षकों के पद रिक्त पड़े है ,जिसकी पद पूर्ति के अभाव में शैक्षिक कार्य बाधित हो जाते है। जिससे विद्यालय रिक्त पद के अभाव में वर्तमान मप्र सरकार द्वारा अतिथि शिक्षकों से रिक्त पदों पूर्ति की करने के प्रयत्न किए जा रहे है।

योग्य और प्रशिक्षित सरकारी शिक्षक ग्रामीण क्षेत्रों में चयनित हो कर पदांकित तो किए जाते है किंतु वर्तमान में शासन की विविध योजना का क्रियान्वयन में समयाभाव की स्थिति बन जाती है जिससे शिक्षा की गुणवत्ता प्रभावित होने की स्थिति संभावित है।

स्कूल न जाने वाले बच्चे:-

भारत के ग्रामीण क्षेत्रों में 75% लोग निवास करते है जिससे विद्यालय न जाने वाले बच्चों को निम्न समस्यायें हो सकती है -

1. कुछ गांवों में सड़क पहुंच मार्ग की समस्या निर्मित होती है जिससे यातायात व्यवस्था को बाधित होना पाया जाता है जिसके कारण बच्चों को शिक्षा से वंचित होना पड़ता है।

2. कई बच्चे गरीबी के कारण विद्यालय की पहुंच से दूर होने की स्थिति बन सकती है।
3. पारिवारिक परिस्थितियों के कारण ऐसे बच्चे जिनके परिवार का मुखिया व अन्य सदस्य मजदूरी करने हेतु गांव से पलायन कर जाते है और बच्चे भी उनके साथ चले जाते है जिससे शिक्षा से वंचित होना पड़ता है

शिक्षा की गुणवत्ता:-

ग्रामीण क्षेत्रों में शिक्षा की गुणवत्ता शहरी क्षेत्रों की तुलना में कम होती है, जिससे सामाजिक-आर्थिक असमानता बढ़ती है।

उपलब्ध संसाधन:-

कई ग्रामीण स्कूलों में प्रौद्योगिकी और अन्य आवश्यक संसाधनों की कमी होती है, जिससे सीखने के अनुभव में बाधा आती है।

<u>शिक्षा को सुदृढ़ बनाने हेतु समाधान:-</u>

बुनियादी ढांचे का विकास:

भारत के ग्रामीण विद्यालयों में सर्व सुविधा मुहैया कराने की आवश्यकता है: -

जैसे :-

1. भारत के ग्रामीण क्षेत्रों में शत प्रतिशत विद्यालयों का निर्माण कराने कि आवश्यकता है।
2. प्रत्येक विद्यालय में प्रत्येक कक्षाओं के पठन – पाठन हेतु पृथक – पृथक कक्षों की सर्वोत्तम उपलब्धता। प्रत्येक विद्यालय में शत-प्रतिशत पेयजल व्यवस्था को सुनिश्चित करना।
3. प्रत्येक विद्यालय में शत-प्रतिशत फर्नीचर की व्यवस्था।
4. प्रत्येक विद्यालयों में स्वीकृत पदों के अनुरूप शत-प्रतिशत शिक्षकों की पदस्थापना सुनिश्चित करना चाहिए।।

5. प्राथमिक स्कूलों में विषयों पर आधारित शिक्षकों की नियुक्ति ताकि गणित, अंग्रेजी, विज्ञान विषयों का गुणवत्ता पूर्ण शिक्षा दी जा सके।
6. प्राथमिक विद्यालयों में सफाई-कर्मी, फर्राश व चपरासियों की नियुक्ति अनिवार्य करना चाहिए। ताकि स्वछंद वातावरण की व्यवस्था की जा सके।
7. प्रत्येक विद्यालय में शत- प्रतिशत शौचालय की व्यवस्था।
8. ग्रामीण क्षेत्रों में स्कूल, कक्षाएं, और अन्य बुनियादी ढांचे का विकास करना आवश्यक है।

शिक्षकों की भर्ती:-

ग्रामीण क्षेत्रों में पर्याप्त संख्या में प्रशिक्षित शिक्षक नियुक्त करने की आवश्यकता है।

गरीबी और बाल श्रम को कम करना:-

गरीबी और बाल श्रम को कम करने के लिए सरकार को आर्थिक सुधार करने की आवश्यकता है ।

शिक्षा के प्रति जागरूकता:-

ग्रामीण क्षेत्रों में शिक्षा के प्रति जागरूकता बढ़ाने के लिए, शासन को प्रचार और प्रसार करना चाहिए।

सरकारी प्रयास:-

शिक्षा के प्रति ग्रामीण अंचल ध्यान आकृष्ट कराने हेतु सरकार के कुछ प्रयास इस प्रकार हैः-

1. निःशुल्क पाठय पुस्तक वितरण ।

2. निःशुल्क यूनिफॉर्म (पोशाक) वितरण ।

3. एकीकृत छात्रवृत्ति वितरण।

4. निःशुल्क प्राथमिक शिक्षा (1से8वीं) तक ।

5. निःशुल्क साइकिल वितरण।

6. मुख्यमंत्री उच्च शिक्षा छात्रवृत्ति।

7. श्रम कल्याण शैक्षिक छात्रवृत्ति।

8. कन्या साक्षरता प्रोत्साहन।

9. लाडली लक्ष्मी योजना।

10. लैपटॉप वितरण।

11. मेधावी छात्रों को निःशुल्क स्कूटी वितरण।।

सरकार शिक्षा को बेहतर बनाने के लिए कई प्रयास कर रही है, जैसे कि सर्व शिक्षा अभियान, लेकिन जमीनी स्तर पर स्थिति में सुधार की आवश्यकता है।

शिक्षा का महत्वः-

शिक्षा, न केवल भारत के ग्रामीण क्षेत्रों के विकास में, वरन् समूचे मानव सभ्यता के विकास में यह प्राण वायु के रूप में है इसके बिना मानव जीवन ठीक उसी तरह से जिस तरह से मृत शरीर से जीव का निकल जाने से देह महत्वहीन हो जाती है। शिक्षित होने से विकास के सभी कपाट खुल जाते है और मानव समाज में व्यक्ति अमिट छाप निर्धारित कर लेता है क्योंकि यह बच्चों के भविष्य को बेहतर गढ़ने में अवसर प्रदान कर देती है और समाज को आगे बढ़ाने में दिशा और दशा दोनों तय करने में नितांत प्रभावोत्पादक होती है जिससे वह सर्वांगीण विकास के सभी द्वार खोल देती है ।चाहे वह सामाजिक, शारीरिक मानसिक, स्वास्थ्य, संवेदनात्मक विकास से हो, राजनीतिक दृष्टिकोण से हो, कानूनी दृष्टि से हो या तकनीकी दृष्टि से हो शिक्षा का हमारे जीवन में बहुत महत्व है ।

क्योंकि बिना शिक्षा के मनुष्य पशु के समान होता है। और बिना शिक्षा के खुद को या अपने देश को आगे बढ़ाने के बारे में सोच भी नहीं सकते क्योंकि चाहे कुछ भी करना हो बिना शिक्षा के संभव ही नहीं हैं। शिक्षा हमारे जीवन के उज्ज्वल भविष्य को बनाने का सबसे महत्वपूर्ण हथियार है। और इस हथियार का उपयोग कर जीवन में कुछ भी आसानी से प्राप्त किया जा सकता है। शिक्षा का उच्च स्तर हमें अलग पहचान बनाने में मदद करता है।

शिक्षा किसी के चरित्र को सीखने, ज्ञान और कौशल प्राप्त करने के साथ-साथ हमारे सामाजिक सोच में उन्नति करती है और सामाजिक बुराइयों को दूर करती है। शिक्षा हमारे देश में बेरोजगारी दूर करने में मदद करती है। जिस कारण शिक्षा का मानव जीवन में महत्वपूर्ण स्थान हैं। यह हमें ज्ञान, कौशल और समझ प्रदान करती है, जो हमारे जीवन को बेहतर बनाने में मदद करती है। शिक्षा के माध्यम से हम अपने लक्ष्यों को प्राप्त कर सकते हैं और समाज के लिए एक महत्वपूर्ण कदम हो सकता है।

ग्रामीण विकास में शिक्षा के महत्वपूर्ण आधार स्तम्भ इस प्रकार है:-

ज्ञान परख शिक्षा की समझ:-

शिक्षा हमें विभिन्न विषयों जैसे कला, विज्ञान, वाणिज्य, कृषि, अभियांत्रिक, चिकित्सा और अन्य क्षेत्रों के बारे में जानकारी प्रदान करती है। शिक्षा यह हमारी सोच को व्यापक बनाती है और हमें दुनिया को बेहतर ढंग से समझने में मदद करती है।

कौशल विकास:-

शिक्षा हमें विभिन्न कौशल विकसित करने में सहायता करती है, जैसे कि पढ़ना, लिखना, गणित, और समस्या समाधान। ये कौशल हमें जीवन में सफलता प्राप्त करने और अपने करियर में आगे बढ़ने में मदद करते हैं।

निर्णय लेने की क्षमता-:

शिक्षा हमें तर्कसंगत और प्रभावी ढंग से निर्णय लेने में मदद करती है। हम अपने जीवन में महत्वपूर्ण निर्णय लेने के लिए आवश्यक जानकारी और समझ बढ़ाने में सक्षम होते हैं।

स्वतंत्र और आत्मनिर्भर:-

शिक्षा हमें स्वतंत्र और आत्मनिर्भर बनने में मदद करती है। हम अपने जीवन में अपनी पसंद के अनुसार कार्य कर सकते हैं और अपने जीवन को बेहतर बना सकते हैं।

सामाजिक और सांस्कृतिक विकास:-

शिक्षा हमें सामाजिक और सांस्कृतिक मूल्यों के बारे में जागरूक करती है। यह हमें एक बेहतर नागरिक और समाज का सदस्य बनने में मदद करती है।

व्यक्तिगत विकास:-

शिक्षा हमें अपने व्यक्तित्व का विकास करने और अपने लक्ष्यों को प्राप्त करने में मदद करती है। यह हमें आत्म-विश्वास और आत्म-सम्मान प्रदान करती है।

रोजगार के अवसर:-

शिक्षा हमें रोजगार के अधिक अवसर प्रदान करती है। शिक्षित व्यक्ति अधिक संभावना रखते हैं कि वे एक अच्छी नौकरी प्राप्त कर पाएंगे और एक बेहतर जीवन जी पाएंगे।

सामाजिक प्रगति:-

शिक्षा समाज में प्रगति का एक महत्वपूर्ण साधन है। शिक्षित समाज अधिक समृद्ध, न्यायपूर्ण और शांतिपूर्ण होता है।

उदाहरण:-

एक शिक्षित व्यक्ति बेहतर निर्णय लेने में सक्षम होता है, जिससे वह अपने जीवन में बेहतर परिणाम प्राप्त कर सकता है।

शिक्षा हमें विभिन्न करियर विकल्पों के बारे में जानकारी प्रदान करती है, जिससे हम अपनी रुचि और क्षमता के अनुसार एक सफल करियर चुन सकते हैं।

शिक्षा हमें सामाजिक, मानसिक, स्वास्थ्य, शारीरिक शैक्षिक और सांस्कृतिक मूल्यों के बारे में जागरूक करती है, जिससे हम एक बेहतर नागरिक और समाज का सदस्य बन सकते हैं।

भारत में आधुनिक शिक्षा में समाज सुधारकों का योगदान :-

1 **सावित्री बाई फुले :-**

सावित्री बाई फुले भारत की पहली महिला शिक्षिका और बालिका शिक्षा की पथ प्रदर्शक और प्रेरणादायक के रूप में एक आधार स्तम्भ रही। जिन्होंने महिलाओं के अंधकारमय जीवन को शिक्षा रुपी दीपक की लौ प्रज्वलित कर मशाल का काम किया।

1.1 महिलाओं की शिक्षा में योगदान:-

साल 1848 में, पुणे में सावित्रीबाई और ज्योतिराव ने पहला बालिका विद्यालय खोला. सावित्रीबाई इस विद्यालय की पहली शिक्षिका बनीं।

1.2 वंचित वर्ग के लिए शिक्षा:-

सावित्रीबाई ने समाज के वंचित वर्गों के लिए भी विद्यालय की स्थापना करने में मदद की। साथ ही शिक्षा के लिए छात्रवृत्तियां भी दीं। इसके अतिरिक्त उन्होंने माता-पिता को जागरूक किया।

1.**3सावित्री फूले योगदान:-**

सावित्रीबाई फुले ने सामाजिक सुधारों में अहम भूमिका निभाई। उन्होंने बाल विवाह, सती प्रथा और जातिवाद के खिलाफ आवाज उठाई। विधवा पुनर्विवाह को प्रोत्साहन दिया और पीड़ित महिलाओं के लिए शरणगृह स्थापित किए।अस्पृश्यता के विरोध में अपने घर का कुआँ सभी के लिए खोला और समानता का संदेश दिया, सामाजिक कुरीतियों के खिलाफ आंदोलन किया।

1.3.1 बाल विवाह और सती प्रथा का विरोध।

1.3.2 विधवा पुनर्विवाह को बढ़ावा दिया

1.3.3 महिला अधिकार और संगठन।

1.3.4 विधवाओं का सिर मुंडवाने की प्रथा का विरोध।

1.3.5 पीड़ित महिलाओं के लिए शरणगृह।

सावित्रीबाई फुले ने समाज शिक्षा के माध्यम से समाज के वंचित वर्ग को जागृत कर उसे मुख्य धारा से जोड़ा जा सकता है। फुले का जीवन हमें सिखाता है कि शिक्षा और समानता से समाज को बेहतर बनाया जा सकता है। उनकी प्रेरणा हमें हर चुनौती का सामना करते हुए बदलाव लाने की हिम्मत देती है।

2. डॉ भीम राव अंबेडकर :-भूमिका :

बाबासाहब डॉ भीमराव अंबेडकर जी ने कहा कि शिक्षा मानव जीवन के लिए अत्यंत महत्वपूर्ण है और यह सामाजिक परिवर्तन का एक सशक्त माध्यम है। उनका मानना था कि शिक्षा सभी के लिए समान रूप से उपलब्ध होनी चाहिए और यह एक ऐसी शक्ति है जो व्यक्तिगत और सामाजिक उत्थान के लिए बहुमूल्य धरोहर है।

डॉ. अंबेडकर के शिक्षा के सुधार हेतु मत :

2.1 शिक्षा का महत्व:-

शिक्षा को समाज के विकास और उत्थान का आधार मानते थे। उन्होंने कहा था कि "शिक्षा शेरनी का दूध है, जो पीएगा वह दहाड़ेगा।"

2.3 समान शिक्षा:-

डॉ. अंबेडकर ने सभी के लिए समान शिक्षा के अवसरों पर जोर दिया। वे मानते थे कि शिक्षा व्यक्ति की पहचान होनी चाहिए, न कि उसकी जाति, धर्म या आर्थिक स्थिति.

2.4 व्यवहारिक शिक्षा:-

उन्होंने शिक्षा को व्यावहारिक और उपयोगी बनाने पर जोर दिया। उनका मानना था कि शिक्षा विद्यार्थियों को कौशल और ज्ञान प्रदान करे जो उन्हें सफलता की ओर ले जा सके।

2.5 धर्मनिरपेक्ष शिक्षा:-

उन्होंने शिक्षा को धर्मनिरपेक्ष बनाने पर बल दिया और कहा कि शिक्षा को किसी विशेष धर्म या संप्रदाय से नहीं जोड़ा जाना चाहिए।

2.6 सामाजिक सुधार:-

डॉ. अंबेडकर शिक्षा को सामाजिक सुधार का एक महत्वपूर्ण साधन मानते थे। उन्होंने दलितों और पिछड़े वर्गों के उत्थान के लिए शिक्षा पर जोर दिया और उन्हें शिक्षा प्राप्त करने के लिए प्रोत्साहित किया है।

2.7 स्वतंत्रता और समानता:-

शिक्षा के माध्यम से, वे लोगों को उनके अधिकारों और कर्तव्यों के प्रति जागरूक करना चाहते थे, ताकि वे स्वतंत्रता और समानता के लिए संघर्ष कर सकें।

2.8 संघर्ष और संगठन:-

डॉ. अंबेडकर ने "शिक्षित बनो, संगठित रहो और संघर्ष करो" का नारा दिया था। उनका मानना था कि शिक्षा, संगठन और संघर्ष तीनों एक दूसरे के पूरक हैं। वे शिक्षा को एक ऐसी शक्ति के रूप में देखते थे जो समाज को बदल सकती है और एक बेहतर भविष्य का निर्माण कर सकती है।

3. महात्मा गांधी:-

स्वतंत्रता आंदोलन के नेता थे और इन्होंने सामाजिक न्याय, समानता और अहिंसा के लिए संघर्ष किया।

4 फ़ातिमा शेख का योगदान:-

मुस्लिम समाज की फ़ातिमा शेख और उस्मान शेख ने विद्यालय के लिए स्थान प्रदान किया. फ़ातिमा शेख को भारत की पहली मुस्लिम महिला शिक्षिका माना जाता है।

5. विनोबा भावे:

आचार्य विनोबा भावे ने जब देखा कि देश के लोगों में अनेकता की स्थिति निर्मित हुई तब उन्होंने सबको संगठित कर भूमि सुधार आंदोलन का नेतृत्व किया और देश के किसानों को न्याय दिलाने में सहयोग प्रदान किया । इस तरह उन्होंने शांति और अहिंसा के लिए काम किया ताकि देश में समरसता स्थापित हो सके।

6.बाबा आम्टे:

बाबा आमटे शिक्षा को केवल ज्ञान प्राप्त करने का साधन नहीं मानते थे। वे शिक्षा को एक शक्तिशाली उपकरण के रूप में देखते थे जो समाज में सकारात्मक बदलाव ला सकता है।

उनका मानना था कि शिक्षा का उद्देश्य लोगों को सशक्त बनाना, समाज के प्रति जागरूक करना और उन्हें आत्मनिर्भर बनाना होना चाहिए।

भारत के ग्रामीण इलाकों में सेवा के लिए जाने जाते हैं, इन्होंने विकलांगों और गरीबों की मदद के लिए काम किया.

7.अरुणा आसफ अली:-

अरुणा आसफ अली नमक सत्याग्रह में लोगों की सेवा की और स्वतंत्रता आंदोलन की एक महत्वपूर्ण नेता थीं और इन्होंने सामाजिक न्याय के लिए संघर्ष किया।

8.ईश्वर चंद्र विद्यासागर:-

इन्होंने महिलाओं के शिक्षा के लिए काम किया और विधवा पुनर्विवाह को बढ़ावा दिया।

इस प्रकार मानव जीवन के लिए शिक्षा एक कल्परूपी वृक्ष की तरह जो सभी मनवांछित फल की प्राप्ति का लक्ष्य अनुसंधान हो सकता है, ठीक उसी तरह शिक्षा अंधकार को चीरकर रोशनी प्रदान करती है।

निष्कर्ष:-

ग्रामीण शिक्षा की स्थिति सुधारने के लिए, बुनियादी ढांचे में सुधार, शिक्षकों की कमी को दूर करना, और स्कूल न जाने वाले बच्चों तक पहुँच सुनिश्चित करना आवश्यक है। सुदूर ग्रामीण परिवेश में शिक्षा प्रणाली, आकांक्षा और सीख ग्रामीण बच्चों की संख्या का एक बड़ा हिस्सा अकादमिक सफलता या वेतनभोगी नौकरी हासिल नहीं कर पाएंगे, क्योंकि उन्हें घर में, (समुदाय में और स्कूल में) वांछित परिस्थितियाँ प्राप्त नहीं होती है। साथ ही बुनियादी सुविधाओं का होना आवश्यक है।

अध्याय – 8

ग्रामीणांचल के सामाजिक संगठन

सामाजिक संगठन :

ग्रामीण समाज निर्माण के लिए ग्रामीण अंचलों में विभिन्न सामाजिक संगठनों का गठन कर समाज को विकसित व संगठित करने की मुख्य भूमिका का निर्वहन किया है। जिससे समाज ने तेजी से अपने कार्यों के प्रति साथ साथ सामाजिक गतिविधियों के विकास के लिए भी विभिन्न रूपों में कार्य किया है। यह देखा जाता है यह वर्ग साधन संपन्न होने के कारण सामाजिक संगठन निर्माण करने में सक्षम होते है क्योंकि संगठन चलाने के लिए आर्थिक तंत्र के ढांचे का मजबूत होना मुख्य मानदंड होता है। जिससे आवश्यक साधनों की पूर्ति आवश्यकतानुसार इनके द्वारा उपलब्ध करा दी जाती है जिससे संगठन विघटित होने की स्थिति निर्मित नहीं होती है। यह वर्ग समाज में फैली विविध कुरीतियों का पटाक्षेप सामाजिक संगठनों के माध्यम से जागरूक करने हेतु अत्यंत सुधार करने में योगदान दिया है।

वास्तव में, ग्रामों विभिन्न धार्मिक संगठन इस प्रकार है :-

1. रामायण मंडल :-

ग्रामीण क्षेत्रों में सामाजिक, मानसिक , शारीरिक व सांस्कृतिक गतिविधियों का संचालन करने हेतु रामायण मंडल का संगठन बनाकर ईश्वर का गुणगान गाकर कीर्तन, भजन, संगीत व अन्य कार्यक्रम के माध्यम से समाज को संगठित कर एकता के सूत्र में पिरोने का कार्य किए जाने के प्रयत्न किए जाते ताकि समाज एक समरसता के बीज अधिरोपित किए जा सके, जिसमें लोगों के अंदर सीख लेकर कार्यक्रम के माध्यम जागरूकता का अंकुरण कर समाज को पोषित करने का कार्य करना

चाहिए ताकि समाज में नये विचारों का स्पंदन हो सके और भगवान श्री रामचंद्र चंद्र परम ब्रह्म परमेश्वर द्वारा समाज को दी गई सीख को जीवन में अवतरित करने का प्रयास करें साथ ही सामाजिक एकता के विचारों के साथ आगे बढ़े और उनके चरित्रों के अनुसार अपने जीवन को समाज उपयोगी बनाने का प्रयत्न किया जाए जाए एक मानवीय सदभाव स्थापित कर सके। ग्रामीण समाज में राम-भक्ति संवर्धन और सांस्कृतिक मूल्यों के संरक्षण में रामायण संगठन का महत्वपूर्ण योगदान है। यह संगठन ग्रामीण क्षेत्रों में धार्मिक शिक्षा, सांस्कृतिक गतिविधियों, और सामुदायिक विकास के माध्यम से लोगों के जीवन में सकारात्मक बदलाव लाता है।

यहां रामायण संगठन के योगदान का विस्तार से वर्णन किया गया है:

धार्मिक शिक्षा:

रामायण संगठन ग्रामीण क्षेत्रों में धार्मिक शिक्षा को बढ़ावा देता है, जिससे लोगों को धार्मिक सिद्धांतों और मूल्यों के बारे में जानकारी मिलती है। यह संगठन धार्मिक आयोजनों, कथाओं, और व्याख्यानों का आयोजन करके धार्मिक ज्ञान को प्रसारित करता है।

सांस्कृतिक गतिविधियाँ:-

रामायण संगठन विभिन्न सांस्कृतिक गतिविधियों का आयोजन करता है, जैसे कि रामलीला, भजन, और सांस्कृतिक कार्यक्रम। ये गतिविधियाँ ग्रामीण समाज में कला, संगीत, और सांस्कृतिक मूल्यों को बढ़ावा देने में मदद करती है।

सामुदायिक विकास:-

रामायण संगठन ग्रामीण क्षेत्रों में सामुदायिक विकास के लिए भी काम करता है। यह संगठन शिक्षा, स्वास्थ्य, और स्वच्छता के क्षेत्र में भी योगदान देता है।

सांस्कृतिक मूल्यों का संरक्षण:

रामायण संगठन ग्रामीण समाज में पारंपरिक मूल्यों और संस्कृति को संरक्षित करने के लिए काम करता है। यह संगठन धार्मिक आयोजनों और सांस्कृतिक गतिविधियों के माध्यम से इन मूल्यों को बढ़ावा देता है।

संक्षेप में, रामायण संगठन ग्रामीण समाज में एक महत्वपूर्ण भूमिका निभाता है। यह संगठन धार्मिक शिक्षा, सांस्कृतिक गतिविधियों, और सामुदायिक विकास के माध्यम से लोगों के जीवन में सकारात्मक बदलाव लाता है।

2. रामलीला:-

रामलीला, जिसका शाब्दिक अर्थ है "राम का नाटक", तत्कालीन रामायण महाकाव्य का एक प्रदर्शन है जिसमें कई दृश्य शामिल हैं जिसमें गीत, वर्णन, गायन और संवाद शामिल हैं। यह पूरे उत्तर भारत में दशहरा के त्यौहार के दौरान किया जाता है, जो हर साल शरद ऋतु में अनुष्ठान कैलेंडर के अनुसार मनाया जाता है। सबसे ज़्यादा प्रतिनिधि रामलीलाएँ अयोध्या, रामनगर और बनारस, वृंदावन, अल्मोड़ा, सतना और मधुबनी की हैं। यह कि जिसमें मैं ग्रामीण क्षेत्र में निवास करता हूँ। रामलीला नाटक का कार्यक्रम कर समाज में सामाजिक समरसता का सामंजस्य स्थापित किया जाता है। आज भी इन क्षेत्रों जैसे छोटी पोड़ी, पिपरिया शुक्ल, नैगवा, पान उमरिया के कटरा बाजार जो ढीमरखेड़ा जिला कटनी के अंतर्गत आते है इनमें भी रामलीला का मंचन किया जाता है । जिससे आदर्श भाव का विकास मानव जीवन में प्रतिपूर्ति करता है । और नई सीख लेकर जीवन में नैतिक मूल्यों का संवर्धन करने में सहायक होता है ।

रामायण का यह मंचन रामचरितमानस पर आधारित है, जो देश के उत्तरी भाग में सबसे लोकप्रिय कहानी कहने के रूपों में से एक है। रामायण के नायक राम की महिमा को समर्पित इस पवित्र ग्रंथ की रचना तुलसीदास ने सोलहवीं शताब्दी में हिंदी के रूप में की थी ताकि संस्कृत

महाकाव्य को सभी के लिए उपलब्ध कराया जा सके। ज़्यादातर रामलीलाएँ दस से बारह दिनों तक चलने वाले प्रदर्शनों की श्रृंखला के माध्यम से रामचरितमानस के प्रसंगों का वर्णन करती हैं, लेकिन कुछ, जैसे कि रामनगर की, पूरे एक महीने तक चलती हैं। दशहरा उत्सव के मौसम में राम के वनवास से लौटने का जश्न मनाने के लिए सैकड़ों बस्तियों, कस्बों और गांवों में उत्सव आयोजित किए जाते हैं। रामलीला राम और रावण के बीच युद्ध को याद करती है और इसमें देवताओं, ऋषियों और भक्तों के बीच संवादों की एक श्रृंखला शामिल होती है।

रामलीला की नाटकीय शक्ति प्रत्येक दृश्य के चरमोत्कर्ष का प्रतिनिधित्व करने वाले प्रतीकों के अनुक्रम से उत्पन्न होती है। दर्शकों को

गाने और वर्णन में भाग लेने के लिए आमंत्रित किया जाता है। रामलीला जाति, धर्म या उम्र के भेदभाव के बिना पूरी आबादी को एक साथ लाती है। सभी ग्रामीण स्वतःस्फूर्त रूप से भाग लेते हैं, भूमिका निभाते हैं या विभिन्न संबंधित गतिविधियों में भाग लेते हैं, जैसे कि मुखौटा और पोशाक बनाना, और मेकअप, पुतले और रोशनी तैयार करना। हालाँकि, जनसंचार माध्यमों, विशेष रूप से टेलीविज़न सोप ओपेरा के विकास के कारण रामलीला नाटकों के दर्शकों की संख्या में कमी आ रही है, जिससे वे लोगों और समुदायों को एक साथ लाने की अपनी मुख्य भूमिका खो रहे हैं।

संगीत नाटक अकादमी, नई दिल्ली

संगीत :-

ग्रामीण क्षेत्र में संगीत, लोक संगीत या क्षेत्रीय संगीत, एक ऐसा रूप है जो ग्रामीण समुदायों की संस्कृति और जीवनशैली का एक महत्वपूर्ण हिस्सा है। यह न केवल मनोरंजन का साधन है, बल्कि सामाजिक संबंधों को मजबूत करने और सांस्कृतिक विरासत को आगे बढ़ाने में भी मदद करता है। जिससे नैतिक मूल्यों का अनुकूलन करने में अत्यंत महत्वपूर्ण साबित हुआ है। इसी के माध्यम से आज सब ग्रामीण समुदायों में व्यापक रूप से मध्य प्रदेश में भगवान श्री राम आस्था और विश्वास के केंद्र के रूप में स्थापित है और बुद्धिजीवी संवर्ग इस बात पर बल देता है कि भगवान श्री राम चंद्र के जीवन से अपने जीवन को आत्म परक व उद्देश्य पूर्ण बनाना चाहिए ताकि समाज में अनुकूलन सुनिश्चित किया जा सके। इनके परिपेक्ष में अनेकों संगीतबद्ध कर गायन करने तथा इनके गुणों के सम्बन्ध में प्रचलन की प्रक्रिया संचालित पाई जाती है।

ग्रामीण संगीत की विशेषताएं:

1.मौखिक परंपरा:

भारत के ग्रामीण क्षेत्र में ग्रामीण संगीत, आम तौर पर मौखिक परंपरा में आधारित होता है, जिसका अर्थ है कि यह पीढ़ी दर पीढ़ी सुनने और याद करके सीखा जाता है, न कि लिखा हुआ। लेकिन वर्तमान में ग्रामीणचंलों में शिक्षित जन द्वारा इसे लिपिबद्ध कर स्थानीय या क्षेत्रीय भाषाओं में भगवान श्रीराम चन्द्र के गुणानुवाद करने में संगीत का संकलित किया गया हैं ।

2.सामूहिक प्रदर्शन:

ग्रामीण संगीत अक्सर सामूहिक रूप से किया जाता है, जिसमें लोग एक साथ गाते और नृत्य करते हैं। मैने गांवों के अनेक क्षेत्रों में अवलोकन

किया कि रामायण मंडल के माध्यम से अनेकों संगठन तैयार कर भगवान श्री राम चंद्र के गुणों का संगीत के माध्यम से सामूहिक गान व भजन तैयार कर आनंदमयी जीवन को बनाने हेतु धर्म और आस्था का केंद्र स्वीकार करते है। जिसमें समस्त जन समुदाय आस्था और भक्ति का मार्ग प्रशस्त करता है और अपने संगीत कार्यक्रमों के माध्यम से अपने को आत्मसाध करने का धर्म समझता हैं।

3.प्राकृतिक तत्वों का प्रभाव:

ग्रामीण संगीत में प्रकृति, मौसम, फसल और जीवन के अन्य पहलुओं को दर्शाया जाता है.

4.सामाजिक और धार्मिक महत्व:

ग्रामीण संगीत सामाजिक और धार्मिक अवसरों, जैसे कि विवाह, फसल उत्सव और धार्मिक समारोहों में भी इस्तेमाल किया जाता है.

5.स्थानीय वाद्ययंत्र:

ग्रामीण संगीत में स्थानीय रूप से उपलब्ध वाद्ययंत्रों का इस्तेमाल किया जाता है, जैसे कि ढोल, तबला, ढोलक, हारमोनियम, गिटार , उकुलेले, पियानो , मृदंग, बैजू, तमुरा। यह कि मैने मुस्कान तंतुवाय को उकुलेले के माध्यम से संगीत में भगवान श्री कृष्ण के जीवन के संगीतबद्ध गायन का भाव भी व्यक्त करते देखा हैं। जो लयबद्ध एवं मधुरतम शैली का दर्शन अवलोकित किया है । जो मुझे मंत्रमुग्ध किया है। इनके संगीत में सुरीली आवाज व लयबद्ध काललित का भाव स्पंदित हुआ हैं।

6.स्थानीय भाषाएं:

मैने यह अवलोकन किया कि रामायण मंडल के दौरान ग्रामीण संगीत में अक्सर स्थानीय भाषाओं में गाया जाता है जैसे अवधि, भोजपुरी, बघेली, पचेली, छत्तीसगढ़ी इत्यादि। जो ग्रामीण समुदायों की पहचान का एक विशिष्ट महत्वपूर्ण हिस्सा होता है ।

7.नृत्य और अभिनयः-

यह भी ग्रामीण परिदृश्य में कुछ गायक मस्ती मदहोश व ईश्वर की आराधना में लीन हो कर भावात्मक रूप से ग्रामीण संगीत के साथ अक्सर नृत्य और अभिनय भी किया जाता है, जो संगीत को और अधिक जीवंत बनाता है।

8. विभिन्न शैलियाँ:

भारत में ग्रामीण संगीत की कई अलग-अलग शैलियाँ हैं, जो विभिन्न क्षेत्रों और समुदायों में अलग-अलग हैं। उदाहरण के लिए, तथा मध्यप्रदेश और उत्तरप्रदेश के बुंदेलखंडी क्षेत्रों में लाला हरदौल सिंह का लोक संगीत का प्रचलन भी का दर्शन मिलता हैं जिसमें लाला हरदौल सिंह और उसकी बहन कुंजावती के भावात्मक संगीत का दर्शन मिलता हैं।

प्रायः यह भी प्रकाश में आया कि हरदौल और बहन कुंजावती की कहानी का संगीत बुंदेलखंड की हर गली कूंचे में इनकी भावात्मक संगीत राजा जुझार सिंह से शुरुआत कर महारानी को केंद्रित कर ग्रामीण अंचल में भाव प्रदर्शन संगीत के माध्यम से किए जाते है।

9. ग्रामीण संगीत का महत्वः

भारत में ग्रामीण क्षेत्रों में स्थानीय संगीतों का अभूतपूर्व योगदान रहा है जिसमें लोग गीत, राग भैरवी, राही शास्त्रीय संगीत व विविध रागनियों के माध्यम से क्षेत्रीयता का सर्वोत्तम स्थान रहा हैं । जिससे क्षेत्रीय जनमानस का आनंदमयी जीवन बनाने के लिए अनूठा संगम की झलक से जीवन को आत्मसाध और उत्साहित करने का अवसर प्राप्त हुआ है। जिससे मानसिक शारीरिक और सांस्कृतिक रूप से मानव का प्रभावी व्यक्तित्व के दर्शन निहित हैं। उपरोक्तानुसार संगीत एक ऐसा सशक्त माध्यम है, जिसके गायन करने से मानव जीवन को सुख और विरक्ति का मार्ग प्रशस्त होता है और संगीतज्ञ अपने आप में एक आदर्शवादिता को स्वीकार करने में योग्य समझता है ।

10.संस्कृति और विरासत का संरक्षण:

ग्रामीण संगीत ग्रामीण समुदायों की संस्कृति और विरासत को संरक्षित करने में सहायता करता है।

11.सामाजिक संबंध:

ग्रामीण संगीत गांव देहात पूर्वा में लोगों को एक साथ लाता है और सामाजिक संबंधों को मजबूत करता है।

12.मनोरंजन:

ग्रामीण संगीत मनोरंजन का एक महत्वपूर्ण साधन है, जो लोगों को खुश और व्यस्त रखता है।

13.शिक्षा और ज्ञान:

ग्रामीण संगीत ग्रामीण लोगों को अपनी संस्कृति, इतिहास और जीवन के बारे में ज्ञान देता है।

14. लोक संगीत –

ये न केवल ग्रामीणों के लिए मनोरंजन का एक साधन है वरन् ग्रामीण समाज का एक प्रतिबिंब भी है। लोक संगीत, संगीत की दृष्टि से भी महत्वपूर्ण है क्योंकि ये उस संगीत से जुड़े लोगों का संक्षिप्त इतिहास भी प्रस्तुत करता है। ग्रामीण जीवन की झलक गावों में प्रति बिंबित होती है

(i) संस्कार समिति:-

यह समिति भारत के मध्यप्रदेश के कटनी जिले के ग्राम पिपरिया शुक्ल में इस समिति का गठन कर कोरी जाति समुदाय के द्वारा गठित की गई है। जिस परिवार के सदस्य का निधन होने के कारण वह परिवार दुखी हो कर सामान्य कार्य करने में असमर्थ रहता है जिससे दाह संस्कार में उपस्थित जनसमुदाय को सामान्य सुविधाओं को मुहैया करने से वंचित

होना पड़ता है।ऐसी परिस्थिति में संस्कार समिति बनाई गई है, जो सामाजिक संगठन का अंग है।

(ii) धार्मिक उत्सव समिति इत्यादि।

इस प्रकार ग्रामीण समाज में विकास विविध सामाजिक संगठन के माध्यम से, लोगों को जागरूक कर शोषण के विरूद्ध आवाज उठाने में योगदान दिया है । जिससे ग्रामीण समाज में काफी परिवर्तन हुआ है, जिससे विविध कुरीतियों,शोषण के विरुद्ध, धार्मिक कार्यों का प्रचार प्रसार किया जिससे, समाज को एकीकरण करने में सामाजिक संगठनों की भूमिका सक्रिय रहती है। इस प्रकार ग्रामीण समाज सभी के साथ सदभाव, समरसता, की स्थिति बनाने में कार्य करते है। जिसे धार्मिक उत्सव समिति कहते हैं। जैसे- दुर्गा उत्सव, जवा निकालने में सहयोग, गणेश उत्सव, सामाजिक कार्यों सहभागिता करती हैं।

अध्याय – 9

समाज में सांस्कृतिक मूल्यों का संवर्धन

इन क्षेत्रों में, सामाज के बुद्धजीवि वर्ग द्वारा संरक्षण करने में अत्याधिक योगदान दिया है, जिससे अन्य वर्गों के लोगों को विविध तरीकों को सीखने में मदद मिली है। जैसे-पारम्परिक रीति-रिवाजों, त्यौहारों, समारोहों भागीदारी, भाषा शैली का चयन, सहिष्णुता, सांस्कृतिक गतिविधियों क्रियान्वयन, परिवार और समाज में नैतिक मूल्यों का नवीनीकरण, अस्थिरता बचाव, समूह के भीतर सामूहिकता व लैंगिग समानता इत्यादि। उपरोक्तानुसार जिनका विस्तार पूर्वक जानकारी इस प्रकार है:

(1) पारम्परिक रीति-रिवाज

भारत में ग्रामीण समाज में, पुराने रीति-रिवाज आज भी पीढ़ी दर पीढ़ी चली आ रहीं है। जिसमें बुद्धजीवी वर्ग के लोगों द्वारा, अन्य सभी वर्गों के साथ मेलजोल बनाकर पारम्परिक रीति-रिवाजो को जीवित करने मे अहम भूमिका का निर्वहन किया है, जिसमें मुख्य रूप से पारम्परिक रीतिरिवाजों को दो भागों में विभक्त किया है-

(A) धार्मिक रीति रिवाज

(B) प्राणियों का संवर्धन करने की रीति रिवाज ।

(A) धार्मिक रीति रिवाज – समाज के लोगों द्वारा-धार्मिक रीति-रिवाजों संरक्षण करने हेत बुद्धिजीवी वर्ग के लोगों द्वारा सभी परंपराओं को संरक्षित करने का कार्य किया है, कुछ रीति-रिवाजों का विस्तार से वर्णन इस प्रकार है:-

1. धार्मिक अनुष्ठान

2. पशुओं का सम्मान

3. मन्दिरों में प्रवेश पूजा के सामान्य नियम

4. पूजा अर्चना ।

1. धार्मिक अनुष्ठान :

धार्मिक अनुष्ठान एक ऐसी प्रबल प्रक्रिया, जिसमें उपासक के द्वारा देवी देवताओं से संवाद स्थापित किया जाता है, आध्यात्मिक विश्वासों को पूरा करने हेतु प्रतीकात्मक समारोह आयोजित किए जाते हैं उसे अनुष्ठान कहा जाता है। इसकी धार्मिक मान्यता है कि समस्त मानव समाज लोक कल्याण के लिए सामाजिक रूप से अनुष्ठान किया जाता है, जिससे लोगों की भलाई होती है, जिससे समाज संरक्षित रहता है यह प्रथा सनातन काल से प्रचलित है पूर्व में ब्राह्मण द्वारा कार्य किया जाता रहा है। वर्तमान में, ग्रामीण क्षेत्रों में, गायत्री मां की प्रार्थना या अनुष्ठान करने का कोई बन्धन नहीं है। वर्तमान में गायत्री अनुष्ठान का कार्यक्रम ग्राम पिपरिया शुक्ल तहसील ढीमरखेड़ा जिला कटनी में, गायत्रीअनुष्ठान का आवाहन लक्ष्मण सिंह गौड़ शिक्षक के द्वारा किया सभी वर्गों के द्वारा इस अनुष्ठान में सहयोग प्रदान किया गया है, ताकि धर्म का संरक्षण समाज की महत्वपूर्ण भूमिका है, अनुष्ठान एक ऐसी प्रक्रिया है जिसके माध्यम सेआत्म निरीक्षण होता है। और व्यक्ति अध्यात्म के द्वारा अपने जीवन को सफल बनाना चाहता है। कुछ धार्मिक अनुष्ठानों का वर्णन अग्र लिखित है-

1. प्रार्थना 2. विवाह 3. यज्ञ 4. विवाह अनुष्ठान 5. ध्यान 6. उपनयन संस्कार 7. सत्यनारायण की कथा 8. यज्ञोपवीत संस्कार।

I. प्रार्थना

भारत के ग्रामीण अंचल मैं ही नहीं संपूर्ण क्षेत्र में प्रार्थना करने की प्रथा सभी धर्म में प्रचलित है लोग विविध रूपों में प्रार्थना कर अपने

परमात्मा की प्रति श्रद्धा भाव व्यक्त करते है जिसमें आत्म शक्ति को जागृत करने का भाव निहित रहता है।

इसके माध्यम से नवीन ऊर्जा का संचरण होता है, मन मस्तिष्क का वातावरण स्वछंद और आत्म शक्ति को संयम करने की युक्ति होती है। प्रार्थना का आशय यह है कि ईश्वर या किसी पूजनीय शक्ति से आप अपनी बात को आकांक्षाओं के अनुरूप व्यक्त करना होता है । जिससे प्रार्थी के रुके हुए कार्यों को गतिशील करना होता है। प्रार्थना के दो प्रकार है -

(अ) व्यक्तिगत प्रार्थना

(ब) सामूहिक प्रार्थना

प्रार्थना की विशेषताएं: -

(i) प्रार्थना एक धार्मिक क्रिया की धुरी है :-

प्रार्थना एक ऐसा सशक्त माध्यम है जिसमें ब्रह्मांड की महान शक्ति से जुड़ने का संबंध प्रतीत होता है जिसमें व्यक्तिगत व सामूहिक लोक कल्याण की विचार धारा को केंद्रित करता है इस प्रकार प्रार्थना समाज की मुख्य धुरी कहलाती है

(ii) प्रार्थना के मानव धर्म में विभिन्न रूप :-

प्रार्थना में मानव धर्म के विविध रूपों के दर्शन मिलते हैं जैसे गीत, भजन, आरती, कुंडलिया, मंत्र कलमा कोरस इत्यादि के माध्यम से समाज में देखने को मिलता है ।

II. **अभिवादन**:-

मानव समाज में अभिवादन करने की प्रणाली होती है, जिसमें व्यक्ति एक दूसरे के प्रति आदर सम्मान स्नेह का भाव व्यक्त करता है जैसे 1. नमस्ते 2. प्रणाम 3. वंदन इत्यादि। जिसका विवरण इस प्रकार है:-

(i) नमस्ते

समाज में यह रीति रिवाज एक सामाजिक मेल-जोल के माध्यम से लोग अभिवादन के रूप में नमस्ते स्वीकार करते है यह अभिवादन बरबरी वाले या खुश मिजाजी के लिए किए जने वाला अभिवादन है। नमस्ते शब्द दो शब्दों से मिलकर बना है। नमः+अस्ते

जिसका अर्थ है नमस्कार झुकना या सम्मान देना होता है ।

(ii) प्रणाम :

प्रणाम शब्द एक उच्च स्तर के अभिवादन का रूप होता है जो गहरी आस्था समान का भाव प्रकट करता है प्रणाम शब्द की उत्पत्ति संस्कृत के प्रणात शब्द से है जिसका अर्थ विनीत या विनम्र होकर किसी के सामने झुककर प्रणाम करता होता है ।

(iii) वंदन :

वंदन का शाब्दिक अर्थ है कि प्रणाम या किसी के प्रति श्रद्धा भाव व्यक्त करना होता है यह शब्द संस्कृत भाषा मूल शब्द वद धातु से लिया गया है । जिसका मतलब प्रणाम करना या नमस्कार करना होता है।

उक्त रीति-रिवाज अभिवादन से स्पष्ट है कि समाज के लोगों के मध्य आपसी समरसता को बढ़ावा मिलता है ।

(B) पशुओं का सम्मान :

पौराणिक कथाओं की मान्यता के अनुसार प्राणियों को संरक्षण करने हेतु, प्रतीकात्मक रूप में जानवरों और पक्षियों को पूजा जाता है ताकि पृथ्वी के प्राणी को संरक्षित किया जा सके, ग्रन्थों और कथाओं को जन चर्चा का माध्यम बनाया गया, जिससे मानव समाज में व्यापक रूप से प्रचार प्रसार करने का मुख्य कार्य सभी संवर्ग. ने किया है। आज प्रकाश में यह आ रहा कि, समस्त जनसमुदाय द्वारा पशु पक्षियों को पूजा अर्चना

किए जाते हैं जो प्राणियों के बचाने में कामयाब हुए है। प्राणियों को बचाने के, कुछ पशु पक्षियों के उदाहरण इस प्रकार हैं :

1 गाय ।

2 शेर या बाघ।

3 हाथी।

4 मयूर।

5 हंस ।

6 बैल ।

7 गरुड़ ।

1. गाय :-

भारत के ग्रामीण क्षेत्रों में, गाय को गौ माता कहा जाता है, धार्मिक पुराणों में गाय को पूज्यनीय माना गया है।

जिससे समस्त हिन्दू धर्म के अनुयायियों ने इन्हें अत्यंत महत्वपूर्ण के रूप स्वीकार किया साथ ही इन्हें पालने की प्रथा आज भी गांवों में प्रत्येक घर में इसे पाला जाता है।

(क) गाय को माता का प्रतीक :-

गाय के दूध में पौष्टिक आहार पाया जाता है, जिससे यह बच्चे के पालन पोषण में सहायक होता है, जिस तरह से मां अपने बच्चों को दूध पिलाकर उसके पालन पोषण में करती हैं ठीक उसी तरह गाय के दूध का बच्चे उपयोग करते हैं इसका दूध में अत्यंत गुणकारी तत्व पाया जाता है, इसीलिए इसी, "**गौ माता**" कहा जाता हैं। हिंदू धर्म के अनुसार गाय को

पृथ्वी का पालन पोषण का समर्थन करने का प्रतिनिधित्व माना जाता है। जिस तरह मां का दूध पवित्र और शुद्ध माना जाता है ठीक उसी तरह से गाय का दूध भी पवित्र और शुद्ध माना जाता है क्योंकि मां अपने बच्चों को बिना शर्त दूध पिलाती है। ठीक उसी तरह गाय भी पवित्रता के साथ बिना शर्त उसके दूध को बच्चों को पिलाया जाता और उसका पोषण आहार माना जाता है। जिसके कारण गाय को माता का प्रतीक माना जाता है।

(ख)गाय को पूज्यनीय होने का आध्यात्मिक कारण :-

गाय को पूज्यनीय होने की मान्यता हिंदू धर्म पुराणों के अनुसार यह है की ,इनके शरीर में ब्रह्माण्ड के सभी देवी देवता निवास करते हैं, जिसके कारण भगवान विष्णु और लक्ष्मी जी सदैव प्रसन्न होते है। और भगवान श्री कृष्ण के लिए गाय अत्यधिक पसंद थी, वे अपनी गायों को गोपाल कृष्णा इत्यादि प्रिय नाम से पुकारते थे, इस तरह से ईश्वर को जब गाय पसंद थी, इसीलिए हम अगर उनकी पूजा हैं तो हमारा भी लोक कल्याण होगा इसीलिए यही इसका आध्यात्मिक कारण है।

भारत के गांवों में देखो तो,

गायों को पूजा जाता है ।

गुणकारी , बहुमूल्य औषधियाँ ,

इनमें पाया जाता है ।

सरल स्वभाव, गौमाता का,

सबके मन को भाता है ।

वेदों , पुराणों से शिक्षा मिलती

पूज्यनीय इन्हें बताता हैं।

जिससे जनमानस में ,

इनको कोई नहीं सताता है।

भारत के गांवों में देखो तो,

गायों को पूजा जाता है ।

(ग़) गाय का पूज्यनीय होने का वैज्ञानिक कारण:-

गाय के गोबर में, विटामिन बी12 प्रचुर मात्र होने के कारण, इस तरह है उसका गोबर रेडियो धार्मिता पदार्थों को सुखा देता है। गाय के गोबर को खाद के रूप में किया जाता है, जिससे नुकसान देह जीवाणु नष्ट हो जाते है, ऐसी मान्यता बताई जाती है। और इनसे बने देशी घी और चावल को मिलाकर हवन किया जाता है तो कीटाणु मर जाते जिससे स्वस्थ होने में मदद मिलती हैं। साथ ही यह भी इसके मूत्र का उपयोग का प्रयोग करने से अनेक बीमारियों से छुटकारा भी मिलता हैं, जैसे उदार, मूत्र, रक्त शुद्धिकरण, पित्त दोष नाशक इत्यादि रोगों में निदान के रूप में उपयोग किया जाता है। इस प्रकार स्पष्ट है कि पौराणिक मान्यता के साथ साथ वैज्ञानिक कारणों से भी गाय समाज के लिए सर्वमान्य है। और इस तरह से उपरोक्त अवलोकन से प्रतीत होता है कि, गाय समाज के लिए न केवल उपयोगी पशु है, वह एक जीवनदायिनी भी है,यह कहे तो सर्वमान्य स्वीकृति पाठक को होना संभावित होगी।

सिंह

पौराणिक मान्यता के अनुसार "मां पार्वती" भगवान शिव की वर प्राप्ति की दृष्टि से कैलाश पर्वत में भूखे प्यासे तपस्या कर रही थी, उसी दौरान वहां सिंह आया, और प्रतीक्षा कर रहा था कि पार्वती जी तपस्या से कब जागे,, वह उनको अपना भोजन बनाएं। उसी समय भगवान भोलेनाथ उस स्थान

में प्रकट होकर माता जी को उनकी तपस्या का वरदान देते है।और सिंह ने उनके साथ बैठकर भूखे प्यासे साथ में रहा है, उसे भी तपस्या का वरदान दिया गया कि मां पार्वती उसे अपना वाहन के रूप में माना।

सिंह की तपस्या से प्रसन्न हुई मां दुर्गा:-

सिंह की इस तपस्या के कठिन तप से प्रसन्न होकर माता ने अपनी सेवा में लिया और सिंह को अपना वाहन माना, मां शेर की सवारी करने लगी इसीलिए इन्हें, "मां शेरावाली कहा जाता है। देवी दुर्गा शक्ति, तेज, सौम्य, ज्ञान का प्रतीक है। ऐसा माना जाता है कि इनकी शक्ति का मुकाबला करने की समर्थ किसी में नहीं है। सिंह में आक्रामकता ताकत और बहादुरी होती है। उसकी दहाड़ के आगे हर आवाज कमजोर लगती इसीलिए कहा जा सकता है कि सिंह में मां दुर्गा शक्ति के वाहन बनने के लिए पर्याप्त गुण हैं।

पौराणिक मान्यता में सिंह को,
मां शक्ति का वाहक कहते है ।
शौर्य- शक्ति का अनूठा संगम,
जंगल का रक्षक कहते है ।

(ख) सिंह का सामाजिक महत्व: -

पौराणिक मान्यता के अनुसार, सिंह को समाज के लोग इसे विविध रूपों प्रतीकात्मक रूप में सकारात्मक ऊर्जा के साथ आकृष्ट होकर अनुकरणीय माना जाता है, जिसका विवरण इस प्रकार है,

1. सिंह को मां दुर्गा की शक्ति और साहस का प्रमुख प्रतीक समाज में, स्वीकार किया जाता है।
2. सिंह में अपार शक्ति का संग्रह है जिससे दूसरे प्रणियों में विजय प्राप्त कर लेता है इस कारण इन्हें बुराई में विजय का प्रतीक माना जाता है।

3. सिंह को आक्रामक, स्वभाव और शौर्य का प्रतीकात्मक रुप माना जाता है।
4. सिंह , मां की अपराजेय शक्ति और अधर्म के विनाशक के रूप में समाज में सीख देता है।

(ग) सारांशीकरण :-

उपरोक्त विश्लेषण से स्पष्ट किया जाता है कि, सिंह एक शक्तिशाली, पशु होने के साथ, प्राकृति संरक्षण में इनकी उपयोगिता के दर्शन की अनोखी झलक है। जिससे जंगल संरक्षित करने में, प्राकृतिक, संसाधनों, एवं पशुओं के साथ साथ विविध कीमती तत्वों को इनके भय से पूर्ण रूप से सुरक्षित रहता है। जंगल को दोहन करने वाले, व्यक्ति इनके भय से जंगल को नष्ट करने में सशंकित और भयभीत रहते है। कि सिंह एक शक्तिशाली पशु है, इनकी गुफा के आसपास या इनके परिक्षेत्र में, प्रकृति सुरक्षित रहती है। जिससे प्रकृति को नष्ट होने से बचाए जाने में सहायता मिलती है। यह देखा गया कि भारत के, ग्रामीण इलाकों में हिंदूधर्म के अनुयायियों का संख्या अधिकतम है। धर्म के वाहकों द्वारा जनमानस में पूजा के प्रति जागरूकता श्रद्धा करने में पुरोहितों ब्राह्मणों, राजपूतों की की भूमिका अग्रणी रही है।

3. हाथी

पौराणिक मान्यताओ, के अनुसार हाथी को समुद्र मंथन के दौरान चौदह रत्नों में से एक रत्न के रूप इनकी प्राप्ति की मान्यता का उल्लेख है, जिससे ऐरावत हाथी के रूप जाना जाता है। यह देवराज का इंद्र का वाहन है, जो इनकी सवारी करते है। हाथी को समाज द्वारा विविध रूप से पूजा करने के कथाओं का दर्शन मिलता है। हाथी को पूजे जाने की मान्यता पौराणिक महाभारत काल की कथा से मिलती है, जिसमें कौरव की माता गांधारी व पांडव की माता कुंती की कहानी से इनकी पूजा का उल्लेख है ।

एक बार की बात है, माता कुंती अनुष्ठान करने का फैसला लिया, कि हाथी की पूजा करनी है। यह सुनकर कौरव की माता गांधारी ने भी अनुष्ठान करने का निर्णय लिया।

उन्होंने ने सुनार को बुलाकर बहुमूल्य धातु सोने और चांदी से सुंदर हाथी को बनवा कर सभी महल की महिलाओं ने पूजा किया, जिससे माता कुंती उदास ही जाती है।अपनी मां को उदास होने स्का पता अर्जुन को होता है, उन्होंने कहा मां उदास होने की जरूरत नहीं है। अर्जुन ने कहा कि स्वर्ग से ऐरावत हाथी आपकी पूजा के लिए, वह लेकर आयेगा तब अर्जुन ने अपने पिता इंद्रदेव से "स्वर्ग से हाथी" भेजने आग्रह किया। कथा के अनुसार अर्जुन ऐरावत हाथी के लिए स्वर्ग से लेकर हस्तिनापुर तक वाणों का मार्ग स्थापित कर दिया। उसी मार्ग माता कुंती ने स्वर्ग से प्राप्त ऐरावत की पूजा महिलाओं के साथ किया। इस प्रकार हिंदू धर्म की आज भी महिलाएं मिट्टी का हाथी बनाकर महालक्ष्मी की पूजा करती है। जो धन और ऐश्वर्य का प्रतीक माना जाता है ।और यह परिचर्चा व्यापक रूप से पुरोहितों द्वारा जनमानस में हाथी पूजने से व्यक्ति समृद्ध और खुशहाल

होता है। इसकी आमधारणा का स्वरूप बना दिया, जिससे हाथी की पूजा के साथ साथ इनका संरक्षण, लक्ष्मी जी दंड के डर से पुरातन काल से आज भी जनमानस के मानस पटल में केंद्रित है, कि इनकी पूजा करने से माता के आशीर्वाद से खुशहाल जीवन होने की संभावना तलाशने के उद्देश्य से इनका संरक्षण करने में सफल योगदान रहा है।

(क) हिंद्रू धर्म में हाथी का महत्व :

पौराणिक कथाओं में प्रचलित अनुसार हाथी को समाज ने विशेष महत्वपूर्ण स्थान दिया है जिसका का विस्तृत विवरण निम्न पर आधारित है:

(ख) परिस्थितियों का अनुकूलन :-

हाथी एक सभी प्राणियों में बुद्धिमान रूप में समाज ने प्रतीक माना है, यह गर्मी के समय अपनी दांतों से जमीन को खोदकर पानी निकालने में सक्षम होता है। पानी की पूर्ति कर लेता है साथ ही दूसरे वन्य प्राणियों जीवित रखने का काम करता है जल वनस्पति को संरक्षित करने का कार्य करता है ।जिससे पर्यावरण को अनुकूलित करने में मदद है।

(ग़) धार्मिक महत्व:-

पौराणिक कथाओं के अनुसार: हाथी भगवान गणेश हाथी के सिर वाले देवता है। इन्हें बुद्धि, ज्ञान, सिद्धि व कार्य सिद्धि के रूप में प्रमुख माना जाता है। शुभ कार्यो को शुरुआत करने के पहले इनका प्रथम पूजन किया जाता है। ऋग्वेद में आधारित भगवान विष्णु की पत्नी गजलक्ष्मी का वाहन सफेद हाथी होने का उल्लेख है महाभारत काल में पौराणिक कथा के वर्णन अनुसार ऐरावत हाथी को भगवान इंद्र देव का वाहन माना जाता है जो एक दिव्य सफेद हाथी ही है। यह हाथी चार दांत और सात सूंड़ वाला वर्णित है। ऐरावत हाथी को वर्षा उर्वरता और जीवन समृद्ध होने का प्रतीक माना जाता है।

उक्तानुसार पुरोहितों समाज के आध्यात्मिक बुद्धजीवियों के द्वारा ग्रामीणांचल में हाथी को लेकर यदा कदा गली मोहल्ले में समूह के रूप में चर्चा कर हाथी के महत्व को बताया जाता है जिससे सामान्य जनमानस में इनके प्रति सम्मान श्रद्धा आदर का भाव व्याप्त है। इससे हाथी को धार्मिक रूप से भी विशेष महत्व की प्रमुखता के दर्शन होते है।

(ड) वास्तु शास्त्र के अनुसार महत्व : -

हाथी को शक्ति, धैर्य स्थायित्व का प्रतीक माना जाता है। हिंदू वस्तु शास्त्र में ऐसा माना जाता है कि हाथी की मूर्ति या चित्र घर में रखने से समृद्धि, शांति और सौभाग्य आता है और हाथी की सूंड को ऊपर उठी हुई अवस्था में, दिखना शुभ लक्षण का प्रतीक माना जाता है। हाथी का स्वभाव शांत धैर्यवान और सहनशील होता हैं।

हमें हाथी की समाज में महती आवश्यकता इसलिए है कि यह जानवर को शांत गम्भीर धैर्यवान प्रकृति का प्राणी स्वीकार किया गया है जिससे नागरिकों को सीख मिलती है कि हमें भी हाथी के समान गंभीर और विचार वन होना चाहिए ताकि हमारा जीवन सदैव खुशहाल रहे।

4. मयूर या मोर

मयूर प्रकृति का सबसे सुंदर छबि वाला प्राणी है, इसका सुंदर छबि बड़ी मनमोहक होती है। उससे रूप को देख कर समस्त मानव को आनंद की अनुभूति होती है। इसकी झलक देखने की लिये लोग देखने के लिए लालायित रहते है। प्रकृति ने इनमें बहुरंगी व रंगरोगन किया है, मनोहर छवि होने के कारण लोग इसे देख कर सकारात्मक ऊर्जा मन मस्तिष्क में उपजती है, जिससे हृदय में नवीन सुंदर विचारों की श्रृंखला प्रस्फुटन होती है।

"मयूर प्रकृति की प्यारी रचना,
सुंदर छबि लखि न्यारी रचना ।
विविध रंगों से बना है रूप ,
रंगी बिरंगी मोर की रचना ।।
ब्रह्मचर्य का पालन करता ,
फिर भी यह मुकुटधारी सजना ।
मयूर ईश्वर की प्यारी रचना।
मयूर ईश्वर की प्यारी रचना।।

(क)मयूर का प्रतीकात्मक रूप:-

हिंदू संस्कृति के अनुसार मयूर को ,को भगवान कार्तिकेय का प्रिय वाहन माना जाता है । साथ ही इसे सुंदर छबि, ब्रम्हचर्य का पालन करने वाला सुंदर पक्षी के रूप मे स्वीकार किया जाता है। इस तरह से मयूर या मोर को विभिन्न प्रतीकात्मक रूप माना जाता हैं।जिसका विवरण अग्र लिखित है-1 ब्रह्मचर्य का प्रतीक: ऐसी मान्यता है कि मादा मयूर पक्षी नर मयूर पक्षी के आंसू पीकर मादा मयूर पक्षी गर्भधारण करता है। जिससे यह पक्षी मानव समाज के लिए ब्रह्मचर्य का प्रतीक माना जाता है।

(ख)सौंदर्य का प्रतीक:-

मयूर को को समाज में, मुख्य रूप से सुंदर छवि का प्रतीक इसीलिए माना जाता है कि ग्रंथों में दर्शित अनुसार परम ब्रम्ह परमेश्वर भगवान श्री कृष्ण जी सदैव मोर पंख को अपने मुकुट में मयूर पंख को धारण करते थे जिससे हिंदू धर्म के मानने वाले सभी समुदायों में इनकी छवि पूज्यनीय हुई। जो परमात्मा को प्रिय लगता है उसके प्रति सम्मान श्रद्धा और आदर से भावों की अभिव्यक्ति से अनुरंजित हो जाती है इसलिए इन्हें सामाजिक रूप से सभी मानव समाज सौंदर्य के प्रतीक का रूप माना जाता है।

(ग) मन चंचलता का प्रतीक मयूर:-

भगवान कार्तिकेय ने परम ब्रम्ह परमेश्वर भगवान विष्णु की तपस्या की उन्होंने यह वर मांगा की मन को कैसे नियंत्रण किया जाए ? तब परमात्मा श्री विष्णु जी ने "मनोहर छवि से युक्त"मयूर को वाहन के रूप में, भगवान कार्तिकेय को सौंप दिया इस प्रकार समाज में संदेश जाता है कि सुंदर छवि की स्थिति में, मन को नियंत्रण करने की सीख भगवान कार्तिकेय लेनी चाहिए।

प्रेम का सच्चा प्रतीक: भगवान श्री कृष्ण जी मोर पंख अपने मुकुट में धारण करते थे ।जो राधा जी को अति प्रिय व मनमोहक मोर पंख लगते

थे जिससे स्पष्ट किया जा सकता है कि सच्चा प्रेम का प्रतीक पर लक्षित होता है।

(घ)मयूर भारत का राष्ट्रीय पक्षी : -

मयूर प्रकृति में सुंदर छवि होने के कारण भारत सरकार ने 26 जनवरी 1963 को राष्ट्रीय पक्षी घोषित किया गया ।

(ड)उपसंहार :-

मयूर भारत के ग्रामीण क्षेत्रों में ही नहीं सम्पूर्ण देश में सांस्कृतिक, सौंदर्य प्रकृति, के रूप में इन्हें प्रमुख स्थान सभी पक्षियों में उत्कृष्ट स्थान है।

5. हंस :

वेदों व पौराणिक कथा के अनुसार ,हंस को भगवानो के अवतारों में, विष्णु का बीसवां अवतार माना जाता है। धार्मिक मान्यता है कि भगवान विष्णु महा हंस का रूप प्रकट कर नारद अन्य ऋषि मुनियों को ज्ञान का संदेश दिया। इस तरह विविध रूप में हंस के बारे उल्लेख पाए गए। भगवान ब्रह्मा मां सरस्वती गायत्री और भगवान विश्वकर्मा का प्रिय वाहन माना जाता हैं।

(क) हंस की पहचान हंस :-

लम्बी गर्दन वाला पक्षी व्ही आकार की आकृति, भारी शरीर वाला, बड़े पैर वाला पक्षी, जब तैरता है राजसी ढंग फिसलता है। और धीमे पंखों की धड़कन और गर्दनों फैलाकर उड़ता है और भी कोई अन्य जल पक्षी पानी या हवा में इतनी तेजी से नहीं चलता।

हंस का सांस्कृतिक महत्व: हंस पक्षी को भारतीय समाज में, सौन्दर्य छवि का प्राणी है। इनके सौंदर्य में प्रकृति ने अनुपम छटा के रंग रोगन किया है, जो अत्यंत मनमोहक छवि के दर्शन से नेत्रों को सुख की अनुभूति होती है ।

सफेद रंग़, शान्त भाव है,दो हंसो की बनी कहानी है।
गतिमान है, बुद्धिमान, है बनता नहीं अभिमानी है।
मां सरस्वती का प्यारा यान, जल पक्षी और हंसराज है,
नीर का क्षीर अलग करता है, हंस की सही निशानी है।।

(ख) हंस - मां सरस्वती का प्रिय वाहक:

मां सरस्वती को विद्या की देवी माना जाता है ये हंस पक्षी मेंकी सवारी करती है। हंस का रंग श्वेत होने के कारण हंस को शांत स्वभाव व विवेक शील प्राणी होने समाज स्वीकृति प्रदान करता है। मां सरस्वती के साथ साथ हंसराज को पूजा जाता है। चूंकि मां सरस्वती विद्या दायिनी, ज्ञान के प्रकाश केंद्र माना जाता है, ठीक हंस पक्षी को भी विवेक शील प्राणी होने का प्रतीक हैं।

(ग़) हंस - आत्मिक प्रेम का प्रतीक:

इस पक्षी को समाज में आत्मिक प्रेम का प्रतीक कहा गया है। गांवों में भी, यदि दो लोग आपस में प्रेम करते है, तो उनकी हंसो से तुलना की जाती है। और "लोग हंसो का जोड़ा" कहकर पुकारते है। ठीक उसी तरह से मां सरस्वती और हंस का साथ साथ होना प्रतिबिंबित है ।

(ड) हंस - प्रज्ञा बुद्धि का प्रतीक :

गावों में, मैने कई बार अनेकों ग्राम वासियों से, विवादास्पद स्थिति पर जब दो लोग आपस में उलझते है। तब ग्रामीण जन को कहते हुए सुना है कि पंचायत लगाओ? "दूध का दूध" और "पानी का पानी" हो जाएगा। जिस तरह से हंस नीर और क्षीर को अलग-अलग करता है। प्रज्ञा बुद्धि को प्रमाणित करता ठीक उसी तरह से पंच निर्णय देकर प्रज्ञा बुद्धि से युक्त माने जाते है।

(च) उपसंहार:

उपरोक्त विश्लेषण से स्पष्ट है की हंस विशेष गुणों कि खान है, जो शांति संतुलन, सरल सहज, के ज्ञान से युक्त प्राणी के साथ-साथ हंसराज को आत्म शक्ति का निरूपण करने की क्षमता को प्रमाणित करता है

6. बैल या वृष अथवा नन्दी :-

हिंदू संस्कृति में, समाज के लोगों द्वारा, नन्दी या बैल भगवान शिव का ऊर्जावान वाहक है। भोलेनाथ और पार्वती का नन्दी प्रमुख द्वारपाल है कैलाश को संरक्षित करने का काम नंदीश्वर का है। इसीलिए हिंदू समुदाय के द्वारा बैल या नंदी को पूजा जाता है।

(क) बैल या नंदी पूजा :-

बैल पूजा वन्य प्राणी संरक्षण की दृष्टि से बुद्धि जीवी वर्ग ने समाज को इन्हें बचाने के लिए परिस्थितियों के आधार से सनातन काल से लेकर आज तक जागरूक करने में, विविध तरीकों का प्रयोग किया । ताकि इस उपयोगी पशु को बचाया जा सके चूंकि समाज को परंपरागत कृषि कार्य के लिए इसकी महती आवश्यकता रही होगा। समाज की परिस्थितियों के आधार पर यहां पर कारणों का वर्णन इस प्रकार है:-

1. आध्यात्मिक व धार्मिक कारण:-

आज भी ग्रामीणांचल में, धार्मिक दृष्टि से समाज संगठित होकर ग्रन्थों में वर्णित अनुसार सारी बातों सहजता सर्वमान्य कर लेता है। उस समय बुद्धजीवी संवर्ग ने भगवान भोले नाथ बैल को प्रिय वाहन के रूप में प्रमुखता से उल्लेखित किया, जिससे शिव अनुयायियों को भावनात्मक व आध्यात्मिक रूप से जागृत करने का कार्य किया।

(ख)बैल या वृष पूजा का वैज्ञानिक :

बैल एक ऊर्जावान व शक्ति शाली जानवर है, यह पशु सभी पशुओं में अत्यंत बलवान है। जमीन को चीर कर मानव समाज को कृषि कार्य में अनूठा योगदान दिया है। यह एक शक्तिशाली जानवर है, जो अपने सीने में इतना बड़ा कार्य को सामान्य जनमानस में खाद्य पदार्थ उर्वरकता का भी इसे प्रतीक मानते है। बैल का वैज्ञानिक नाम बॉस टॉरेस है।

(ग)बैल का सांस्कृतिक महत्व : -

हिंदू धार्मिक मान्यताओं के आधार पर बैल को, भगवान शिव शंभू का प्रिय वाहन होने के कारण अत्यंत महत्वपूर्ण होता है, जिसके कारण बैल को एक ईश्वर का संदेश वाहक रुप में माना जाता है। जब कोई श्रद्धालु भगवान के पास जाता है तो, सर्वप्रथम नंदी अर्थात बैल से मिलकर उसके कान में फुसफुसाने से संदेश ईश्वर के पास पहुंचने का संदेश प्रकट करता है। जो सांस्कृतिक संरक्षण अत्यंत आवश्यक हैं।

शंकर जी का वाहन नंदी,
द्वार पाल कहलाता है।
शिव के दर्शन से पहले,
कष्ट इन्हें बताया जाता है
मनोकामना भक्त की सुनकर,
करता है ये भागीदारी ।
ऊर्जावान मर्दानगी शक्ति,
कौशल यह बतलाता है ।।
शंकर जी का वाहन नंदी,
द्वार पाल कहलाता है ।

(घ)आर्थिक महत्व:-

भगवान भोलेनाथ के वाहक नन्दी अर्थात बैल को एक उपयोगी पशु के साथ साथ आर्थिक रूप से भी अत्यंत सहायक है। क्योंकि यह भूमि की जोतने का कार्य करता है। बैलगाड़ी में नांद करने बाद, बैलगाड़ी में मॉल ढोने को खींचने का कार्य करता है। जिससे आवश्यक कार्य को निपटान करने हेतु बैलगाड़ी में नांद करने के उपरात मालवाहक की भूमिका का निर्वहन बैलगाड़ी के रूप में किया जाता जो आर्थिक कार्य में सहायक सिद्ध होता है। जिससे गाडीवान दूसरे कार्य में कम करता है उससे धन उपार्जन कर आर्थिक ढांचे को मजबूत कार्य करता है।

(ड)बैल का सामाजिक महत्व :

यह है कि बैल का कृषि कार्य में अत्यंत उपयोगी पशु है, इन्हें कृषि कार्य के लिए अत्यंत महत्वपूर्ण माना जाता है, इसकी परंपरागत कृषि में अहम भूमिका है। जिससे भूमि की उर्वरक क्षमता बनाने में कामयाब पशु

के रूप में समाज इसे मानता है। बैल को साहस एवं ऊर्जा का प्रतिबिंब माना जाता है ।साथ ही बैल को मानव जीवन का एक अभिन्नअंग माना जाता है।

(च) बैल को प्रजनन क्षमता का प्रतीक :

बैल एक ऐसा प्राणी जो ऊर्जा से परिपूर्ण रहता है, इनकी प्रजनन क्षमता इतनी होती है, कि एक साथ कई गायों के झुण्ड समूह को प्रजनन करने में सक्षम रहता हैं। साथ ही यह है कि इनके शुक्राणु से गाय को कृत्रिम गर्भाधान के रूप में प्रयोग किया जाता है। इसीलिए बैल को प्रजनन क्षमता का प्रतीक कहा जाता है।

बैल या वृष की समाज को आवश्यकता क्यों? विभिन्न विवेचन से मुझे प्रतीत होता है कि बैल की समाज के लिए महती आवश्यकता है, क्योंकि बैल एक ऊर्जा वान प्राणी के साथ यह कृषि, घरेलू कार्यों के लिए, बैलगाड़ी में नांद कर विविध सामग्री ढोने के लिए इसकी महती आवश्यकता अनादि काल से रही है।

आज भी ग्रामीण भारत में, बैलगाड़ी खींचने के लिए, खेत को जोतने के लिए विविध सामग्री ढोने के लिए, जंगलों से लकड़ी लाना, इत्यादि कार्य में बैल अत्यधिक महत्वपूर्ण ही नहीं, यह समाज के लिए अत्यंत उपयोगी पशु है।

(छ) लेखक का विश्लेषणात्मक विचार :

इस प्रकार विविध स्पष्ट विश्लेषणात्मक अध्ययन उपरांत यह है कि, बैल मानव समाज का एक महत्वपूर्ण पशुअनादि काल से रहा है। जिसमें विचारकों ने इसके बचाव के लिए, परिस्थितियों को नियंत्रण करने हेतु, धार्मिक, सामाजिक, सांस्कृतिक, रूप से जन समुदाय को तैयार करने में सभी पहलुओं को झांक कर सब तरह से इसे सुरक्षित करने का उपाय किया गया है।

7. गरुड़

हिंदू मान्यताएं व पौराणिक कथाओं के अनुसार, गरुड़ महर्षि कश्यप और उनकी धर्म पत्नी विनता के पुत्र थे। महर्षि कश्यप के दो पुत्र थे, अरुण और गरुड़ दो भाई थे। जिसमें अरुण बड़े भाई थे जो भगवान सूर्य के सारथी रहे है। गरुड़ पक्षी को शक्तिशाली कहा गया है कि वह इतना शक्तिशाली था कि भगवान सूर्य की किरणों को अपने पंखों से रोक लेता था।

(ख)गरुड़ पक्षी : भगवान विष्णु व गणेश का वाहक :-

हिंदू पौराणिक कथाओं में, उल्लेख है कि गरुड़, भगवान विष्णु और गणेश जी के प्रिय वाहक है और गरुड़ को स्वर्ग के आवागमन के भगवान विष्णु के चरणों में मनुष्यों को स्थान देने के लिए स्वीकारता की प्रमुखता बताई गई है कि इनके आशीर्वाद के बिना स्वर्ग में स्थान प्राप्त नहीं होगा।

गरुण, विष्णु का वाहक है,
गणेश का वाहन भी रहता है।
दिव्य प्राणी, इसको भी कहते है,
जो सबके मन में बसता हैं।।
स्वर्ग नर्क, का राह दिखाता,
जन मानस को राह दिखाता ।
गरुण विष्णु के साथ में,
यह सबके मन को हरता है।।

हे ! दिव्य पक्षी, तुम, सुंदर मन हैं,

तुम से ही स्वर्ग मिलता है।

(ग़) गरुड़ का सांस्कृतिक महत्वः

गरुड़ पक्षी को विभिन्न धर्मों संस्कृतियों के मेल का केंद्र माना जाता है, जिसका विवरण इस प्रकार हैं -

(घ) गरुड़ एक प्रतीकात्मक रूप में :-

(घ.1) हिंदू धर्म के अनुसारः

गरुड़ को, गरुड़ ध्वज, गरुड़ हार, गरुड़ मुख का प्रतीकात्मक रूप मानते है।

(घ.2) जैन धर्म के अनुसार :

गरुड़ जैन धर्म के 24 वें तीर्थंकरों में से सोलहवें तीर्थंकर शांतिनाथ के यक्ष का प्रतीक माना जाता है।

(घ.3) बौद्ध धर्म के अनुसारः

गरुड़ को मेरु पर्वत बौद्ध बह्मांड का पौराणिक केंद्र है। और त्रस्त्रीमसा या स्वर्ग को संरक्षित करने का प्रतीक माना जाता है ।

(ग़) उपसंहार :-

उपरोक्तानुसार गरुड़ पक्षी समाज के लिए बहुत उपयोगी एवं महत्वपूर्ण है। इसलिए इसे विचारकों और विद्वानों ने संरक्षित करने के लिए विभिन्न धार्मिक स्थितियों से अवगत कराया ताकि समाज में पक्षियों को बचाया जा सके।

(C) मंदिरों में प्रवेश करने का रीति रिवाजः

हिंदू रीति रिवाज मान्यताओं के आधार पर हिंदू संस्कृति के अनुसार मंदिर में प्रवेश करने के पहले कुछ मनुष्य को आचार्य संहिता का पालन

करने के लिए कहा जाता है और सब उनके सामान्य नियमों का वर्णन इस प्रकार है:-

1.साधारण साफ सुथरे कपड़ा पहना :-

मंदिर में जाने के पहले हमारे बुजुर्गों द्वारा निर्देश दिया जाता है कि कपड़े साफ सुथरे धारण करना चाहिए हो सके तो सफेद कपड़े ही धारण करना चाहिए। ताकि शांति और एकाग्रता का भाव इसमें निहित माना जाता है जो हिंदू संस्कृति में सास्विकता का प्रतीक कहा जाता है।

2.जूते उतारने का रिवाज :-

मंदिर को साफ सुथरा रखने के लिए हमें सर्वप्रथम मंदिर के बाहर निश्चित स्थान में जूते या चप्पल को उतारना चाहिए ताकि परिसर को साफ़ सुथरा रखने में हम मदद करें । और अनुशासित होकर इस रीति-रिवाज का आदर श्रद्धा भाव के साथ पालन करना चाहिए ताकि मंदिर परिसर को साफ सुथरा बनाए जा सके और आदर्श के साथ समाज के रीति रिवाज का पालन करें।

काव्य सौंदर्य:

मंदिर में पहले जाओ तो,
जूता बाहर उतार रखो
पहले जाकर माथा टीको,
फिर परिसर को स्वच्छ रखो।।
रीति रिवाज का पालन करना,
हर दिल का सम्मान रखो।
श्रद्धा भाव आदर करना,
हर मानव का ध्यान रखो।।

प्यार परोसो,प्यार मिलेगा ,
रीति रिवाज का मान रखो।
मंदिर मेंपहले, जाओ तो,
जूता बाहर उतार रखो।।

3. स्त्रियों को सिर ढंकने का रीति-रिवाज :-

भारतीय संस्कृति के कुछ रिवाज स्त्रियों के लिए रखे गए हैं, जिससे स्त्रियों की आदर्श एवं एकाग्रता का भाव विकसित होने के लिए इस रिवाज़ को रखा गया है। जब कोई स्त्री मंदिर में प्रवेश करती है तो अपना सिर ढंककर रखती है। जो ईश्वर के सम्मान का प्रतीक माना जाता है और इसका दूसरा तात्पर्य है कि महिला ईश्वर के प्रति एकाग्र रहती है उसका मन मस्तिष्क इधर-उधर नहीं भटकता है जो ईश्वर कीभक्ति में पूर्णतः लीन रहती है जिससे उसकी आंतरिक शक्ति का विकास होता है। मन मस्तिष्क में एकाग्रता होती है, जिससे उसके स्वास्थ्य में सकारात्मक प्रभाव पड़ता है। परिप्रेक्ष्य वर्णनात्मक विवरण इस प्रकारहै -:

(क) सिर ढंकने से नकारात्मक ऊर्जा प्रभावित नहीं करती:

विचारकों का यह अभिमत है कि इस रीति-रिवाज में जब कोई महिला अपना सिर ढंककर मंदिर में प्रवेश करती है तो उसके शरीर से सारी नकारात्मक ऊर्जा हट जाती है और कोई भी बुरी शक्ति उसके अंदर प्रवेश नहीं कर पाती है।

(ख) सिर ढंकने का वैज्ञानिक कारण:

पूजा के दौरान मन मस्तिष्क एकाग्र होता है, जिसके कारण हमारे शरीर में जो आकाशीय विद्युत तरंगे सीधे तौर मे मस्तिष्क से प्रवेश करती है। एकाग्र मन मस्तिष्क मेंआकाशीय तरंगे हानि कारक हो सकती है, इसलिए सिर ढंकना जरूरी होता है यह रिवाज सांस्कृतिक व वैज्ञानिक रूप से जन मानस के लिए सुरक्षित करने के उद्देश्य की पूर्ति करता है।

(ग) सामाजिक कारण:

भारतीय हिंदू संस्कृति मैं हिंदू महिलाएं अपने बुजुर्गों के प्रति आदर श्रद्धा भाव सिर ढंककर समाज में इस रीति-रिवाज का पालन करने का प्रचलन है। ग्रामीण अंचल में सभी नारी सिर ढंककर ही अपने बुजुर्गों के समक्ष आती हैं। जो आदर्शवादिता का प्रतीक है।

काव्य सौंदर्य:

गांव की नारी, सबसे न्यारी,
यह इतिहास बताता है।
पति की प्यारी,पिता दुलारी,
माता से प्यारा नाता हैं।।
रीति रिवाज है इनका गहना,
इनको घर में मिलकर रहना।
संस्कारों से बंधी हुई है,
बच्चों का मन भाता है।।
परिवार समाज नातेदारी ,
इन से सब कुछ बन पाता है।
सुन्दर नारी , पहने सारी,
घर घर इतिहास बताता है।
गांव की नारी, सबसे न्यारी ,
यह इतिहास बताता है।।

उपरोक्त विविध कारणों से स्पष्ट होता है कि जो भारतीय संस्कृति के इस रीति-रिवाज से नारी का आध्यात्मिक वैज्ञानिक व समाजिक विश्लेषण से उत्तम स्थान को प्रदर्शित करता है।

4.घंटी बजाने का रीति रिवाज :-

भारतीय हिंदू परंपरा के अनुसार मंदिर या पूजा स्थलों में घंटी बजाने की परंपरा देखी जाती है। घंटी एक ऐसी वैज्ञानिक प्रक्रिया है जो मनुष्य की नकारात्मक ऊर्जा में सकारात्मक ऊर्जा में परिवर्तित कर देती है। घंटी के बारे मैं विवरण इस प्रकार है:

(क)घंटी : गरुण का अवतार :-

धार्मिक मान्यताओं के आधार पर घंटी को गरुण का अवतार कहा जाता है, यह भगवान विष्णु और माता लक्ष्मी को घंटी बजाना अतिप्रिय लगता है, यह भी देखा जाता है की पूजा स्थल में रखी घंटी में गरुण बना रहता है। जिसमें घंटी में गरुण बना रहता हैं उसे गरुण घंटी कहा जाता है। जो एक सकारात्मक ऊर्जा का प्रतीक माना जाता हैं।

घंटी बजाना, मन को भाना ।

देवों को जागृत करता हैं।

आत्म शांति खुशहाली लाता,

और पापों को मन से हरता है।।

गरुण की घंटी, पाप को हरती

गरुण का अवतार घंटी कहलाती ।
इसके बजने और नांद से,
दुःखो को ईश्वर हरता है।।
घंटी बजाना मन,को भाना,
देवों को जाग्रत करता है।।

(ख)घंटी बजाने के धार्मिक उद्देश्य :

भारतीय हिंदू धर्म पुराणों के अनुसार घंटी बजाने के उद्देश्य इस प्रकार हैं:

(ख.1) ईश्वर को स्मरण करने का माध्यम:

घंटी बजाकर उपासक अपनी बात को ईश्वर तक पहुंचाना चाहता है। इसकी ध्वनि के संचार से देवी देवताओं की प्रतिमा में जागृति हो जाती है।

(ख.2) ऊर्जा का संचार होना :

घंटी एक ऐसी प्रक्रिया है जिसके बजने से सकारात्मक ऊर्जा का संचार होता है, और व्यक्ति बुराई को त्याग कर अच्छाई की ओर आकृष्ट हो जाता हैं।

(ख.3) ध्यान एकाग्र एवं मानसिक शांति:

घंटी बजाने से उपासक को मानसिक शांति मिलती है, जिससे वह एकाग्र होकर ईश्वर की उपासना करके अपने जीवन में शांति महसूस करता है। जिससे उसकी आंतरिक शक्ति में संयम और आचरण नवीन संचार उत्पन्न हो जाता हैं। 4 घंटी बजाने से उपासक को पुण्य प्राप्ति:

ऐसी धार्मिक मान्यता है कि घंटी बजाने से देवी देवता जागृत होकर, उपासक या प्रार्थी को अपना शुभ आशीष देते हैं ।जिससे पापों का नाश

होता है और पुण्य का संचय होता है, जिससे आनंद की अनुभूति जीवन में प्राप्ति होती है।

(ग) घंटी बजाने का सांस्कृतिक महत्व :

पुरातन काल की परंपरा है कि जब नए कार्य की शुरुआत होती हैं, तो घंटी बजा कर की जाती हैं। जिससे देवी देवताओं की प्रतिमाओ में जागरण का भाव व्याप्त होता है। ग्रामीण क्षेत्रों में इस परंपरा में विद्यालय लगने व अन्य कार्य जैसे कबड्डी, कुश्ती, इत्यादि संस्कृति परंपरा को सुरक्षित करने में घंटी बजा कर रीति रिवाज को प्रदर्शित करती है ।

(घ) घंटी बजाने का वैज्ञानिक कारण :

(घ.1) वातावरण को शुद्ध करना :

घंटी बजाने से हानिकारक जीवाणु और कीटाणु इसके आवाज क कंपन से नष्ट हो जाते है, जिसमें हानिकारक सूक्ष्म जीव शरीर में पूजा के दौरान प्रवेश नहीं करते है, जिससे व्यक्ति को स्वस्थ होने में मदद मिलती हैं। जिससे परिसर का वातावरण स्वच्छंद हो जाता है।

(घ.2) सुख समृद्धि का प्रतीक:

घंटी बजाने से नकारात्मक ऊर्जा मन मस्तिष्क से हट जाती है और और आकाशीय तरंगों से सकारात्मक ऊर्जा का संचार होता है जिससे मनुष्य को सुख समृद्धि मिलती हैं।

(घ.3) शांति और सुकून का अनुभव :

घंटी की आवाज से व्यक्ति के मन में एकाग्र शक्ति की उर्जा संचार का विकास होता है जिसके कारण व्यक्ति को सुकून व शांति महसूस होती हैं। इस प्रकार घंटी बजाने से समाज को वैज्ञानिक, सामाजिक, धार्मिक और सांस्कृतिक कारणों से इस रीति रिवाज का प्रचलन मानव लोक कल्याण के लिए प्रतीत होता है।

(ड) घंटी बजाने में रखी जाने वाली सवधानियां :

1. घंटी बजाते समय यह ध्यान रखना चाहिए कि घंटी 2 या 3 बार से ज्यादा नहीं बजाना चाहिए।
2. मंदिर या पूजा स्थलों प्रवेश करते समय घंटी बजाना चाहिए, जो देवी देवताओं का जागरण का प्रतीक कहलाता है।
3. मंदिर से निकलते समय घंटा नहीं बजाया जाता है।
4. घंटी को दाहिने हाथ से बजना चाहिए।
5. घंटी को जोर जोर से नहीं बजाना चाहिए।
6. घंटी बजाने के बाद यथा उचित स्थान में रखना चाहिए।

उपरोक्त अनुसार घंटी बजाने से विचारकों ने सभी पहलू लोक कल्याण के लिए बताया है जिसका स्पष्ट मतलब है की इसका प्रयोग करने से व्यक्ति को शारीरिक रूप से स्वस्थ रहने में लाभदायक सिद्ध हुआ या पाया जाता है।

अध्याय – 10

सामुदायिक भावना का विकास

सामुदायिक भावना का विकास करने हेतु, संस्कृति धरोहर को बढ़ावा देने हेतु आपसी सम्बंधों का सुदृढ़ीकरण करता है। जिसके परिप्रेक्ष्य में विस्तार पूर्वक विवरण इस प्रकार –

(क) साझा संस्कृति पहचान।

(ख) गाँवों की सामाजिक परंपराओं को सुरक्षित करना।

(ग) मजबूत सम्बंध व एकीकरण करने में सहायक

(घ) समाज के बीच नई सृजनात्मकता कार्यों का विकास करना।

(क)साँझा संस्कृति की पहचान :-

ग्रामीण क्षेत्रों में यह द्वाय: देखने को आता है कि सभी वर्गों द्वारा अपनी संस्कृति को साझा करने से समाज के सभी वर्गो की संस्कृति से अवगत होकर, नवीन समाज के निर्माण में विकासात्मक दृष्टिकोण विकसित होता है।

जिससे एक दूसरे की विभिन्न जीवन शैली को ग्रहण कर लेते है और सीख कर नए समाज का सृजन करने में साझा संस्कृति का महत्वपूर्ण योगदान रहता है। इसीलिए इस संस्कृति को जीवित करने हेतु सामुदायिक भावनाओं को विकास परिलक्षित होता है।- इस संस्कृति से लोगों में विशिष्ट संस्कृति, सामान आर्थिक गतिविधियों, सामाजिक जीवन शैली, भौतिक संस्कृति और अमूर्त संस्कृति का प्रस्फुटन हो कर, नई सामाजिक इकाइयों में सामुदायिक भावना बढ़ाने में मदद मिलती है।

साझा संस्कृति का काव्य दर्शनः-

भारत के गांवों में देखो तो,
पक्के मकान भी यहां मिलते है।
सांझा-संस्कृति का प्यारा संगम,
विचार नहीं बिकते हैं।।
सभी दिलों की बंधी डोर,
यहाँ नही है ज्यादा शोर ।।
गाँवों में रहती है ,काफी गाय
कृषकों को इनसे, होती हैआय ।
पशु-पक्षी की कलरव आवाज,
जंगलों में जिनका बना साज।।
कल-कल झरने प्राकृतिक छटा,
मयूरों की मिलती प्यारी घटा।
प्रकृति का यहाँ पर रहता राज,
जंगल में दिखता बाघराज।।
लोग यहाँ पर फिर भी रुकते है,
वे जंगल में नहीं डरते हैं।
भारत के गांवों में देखो तो,
पक्के मकान भी यहां मिलते है।।

I. परिवारिक रहन-सहन:-

ग्रामीण भारत में लोग भी, परिवारिक रहन-सहन का अर्थ है कि कैसे एक परिवार अपनी संस्कृति के नैतिक मूल्यों, रीति-रिवाज और परम्पराओं को कैसे अपनी जीवन में एक दूसरे से साँझा-संस्कृति के माध्यम से सीखे और एक परिवार- दूसरे परिवार से कैसे आपसी सम्बंधों को विकसित कर ।

II. परिवारिक जीवन में सांझा-संस्कृति:-

परिवार अपने सांस्कृतिक समूह से, अपने परिवार और दूसरे परिवार से विचार साझा करता है जिससे एक दूसरे की जीवन शैली नैसर्गिक रूप से विकसित होती है जैसे पहनावा, भाषाशैली, भोजन, आदि रीति-रिवाजों से अवगत होकर अपने समूह में सामुदायिक संस्कृति अपनाने के लिए स्वीकार करने में सहायक सिद्ध होता है।

III. पुरातन-संस्कृति:-

गांवों में, यह प्रकाश में आया कि विभिन्न संस्कृति को मानने वाले लोग अलग- अलग समूह में रहते है। उसे एक पीढी से अगामी पीढ़ियों में पीढी दर पीढ़ी हस्तांतरित होती है। उसे लोग मानते चले आ रहे हैं। जैसे- ग्राम में देखा जाए तो, होली के दिन- सभी लोगों द्वारा – जगदीश स्वामी के मंदिर जाकर फाग, राही, रंग गुलाल लगाने की संस्कृति ग्राम पिपरिया शुक्ल में, पुरानी संस्कृति का आज भी प्रचलन है जहां गायन मंडली व समूह में जाने वाले लोगों का गुलाल लगाकर यथोचित आदर सत्कार, लौंग, सुपारी, भाँग, परोसकर सभी का सम्मान किये जाने का-रीति-रिवाज है।

जिससे ग्राम के लोग भी आनंद की अनुभूति प्राप्त करते है, और अपनी सांझा संस्कृति को संरक्षित होने का यहां पर अनूठा संगम देखा जा सकता है ।

अध्याय – 11

ग्रामीणांचल में परिधान

म०प्र० के ग्रामीण क्षेत्रों, यह प्रकाश में आया कि इसमें समाज के लोगों द्वारा, सामान्यतः पुरुषों का पहनावा लुंगी, कुर्ता, पायजामा, धोती, पेंन्ट, शर्ट कोट, व महिलाओं का पहनावा जैसे साड़ी, (धोती), घाघरा, ओढनी, सलवार सूट या अन्य पहनावा का प्रचलन है, जिसका विवरणात्मक अंश इस प्रकार है :-

लुंगीः-

भारत के ग्रामीणांचल में, प्रायः पूजा स्थलों व अन्य सभी सामूहिक कार्यों में, लुंगी पहनने का प्रचलन देखा गया है। 'लुंगी' एक ऐसा वस्त्र है जिसमें इस वस्त्र को कमर से निचले हिस्से में लपेटकर पहना जाता है और कसकर अंतिम छोर में गांठ बांधकर वस्त्र को स्थिर किया जाता है जिससे वह खुलती नहीं है और मध्य भाग से निचले भाग को ढंक देती है ।

यह पहनने के पश्चात लोगों को आराम महसूस होता है क्योंकि यह ढीला वस्त्र होता है । समाज के सभी वर्ग के लोग इस संस्कृति को देखकर लुंगी पहनने का मेल जोल पाया जाता है।

कुर्ताः-

कुर्ता भारतीय संस्कृति का उत्तम परिधान है जो अत्यन्त ढीला ढाला वस्त्र होता है इस परिधान का उपयोग लुंगी या पायजामा के साथ अधिकतम लोगों के द्वारा धारण करने का रिवाज़ देखा जाता है भारतीय संस्कृति के सूत्र आधार जनों के द्वारा धारण करने की प्रथा थी लेकिन

वर्तमान यह परिधान का उपयोग समस्त जनसमुदाय के द्वारा किए जाने का प्रचलन की झलक समाज में अवलंबित होती है।

इस परिधान का उपयोग धार्मिक स्थलों, राजनैतिक मंचों, सामाजिक कार्यों, पर्वो व उत्सवों में किए जाने की परिपाटी के दर्शन मिलते हैं। जो मानव समाज सभ्य होने का प्रतीक माना जाता है

कुर्ता पहनने वैज्ञानिक कारण इस परिधान धारण करने वाले को आराम दायक महसूस होता है जिससे शरीर में जीवाणु व विषाणु विकसित होने के पूर्व निष्क्रिय हो जाते है जिससे शरीर में नुकसान नहीं पहुंचते है न, हीं नकारात्मक ऊर्जा का प्रभाव मन मस्तिष्क में पड़ता है ।

कुर्ता पहनने का वैज्ञानिक कारण :-

इस वस्त्र को पहनने से मन मस्तिष्क केंद्रित होकर उपासना में लीन रहता है क्योंकि इसे पहनने से आराम का अनुभव और भक्ति उपासना में पूरा ध्यान अवलंबित रहता है।

सांस्कृतिक कारण:-

इस परिधान को अनेकों जन समुदाय के द्वारा धारण किया जाता है जिससे एक-दूसरे की संस्कृति का अनुकरण कर हमारी साझा संस्कृति विकसित होती है ।

वर्तमान में उस परिधान का उपयोग शहरी क्षेत्रों के साथ -साथ ग्रामीण अंचलों में भी पहनने का प्रचलन है ।

8.3 पायजामा:-

पायजामा या पैजामा या पाजामा के रूप में गाँव एवं शहरी क्षेत्र में पहने जाने वाला वस्त्र है, जिसे कमर में बाँधकर पैरों में पहनने वाला वस्त्र होता है। है, जो ढीला-ढाला और बहुतायत सुविधा जनक वस्त्र है, इसके पूर्व में साधन-सम्पन, प्रतिष्ठित लोगों के द्वारा, गाँवों में पहनने की झलक

मिलती रही है। वर्तमान में इस परिधान को एक पूरा समुदाय स्वीकार किया है।

वैज्ञानिक कारण:-

पायजामा एक ऐसा परिधान जिसे धारण करने से बेहतर नींद और मानसिक स्वास्थ्य में सकारात्मक ऊर्जा का प्रभाव होता है जिससे व्यक्ति मन मस्तिष्क में आराम का अनुभव महसूस करता है।

धार्मिक कारण:

इस परिधान को धार्मिक अनुष्ठानों में धारण कर किया जाता है, जिससे प्रार्थना के दौरान, सहजता और सरलता का अनुभव प्रतीत होता है, जिससे धार्मिक कार्यों में किसी भी प्रकार का व्यवधान होने की स्थिति निर्मित नहीं होती है, जिससे देवी-देवता प्रसन्न होते है और उपासक को आध्यात्म में, संतुष्टि की प्राप्त होती है।

सामाजिक कारण (प्रभाव):-

इस परिधान के धारण करने से समाज के लोग इस परिधान को धारण करने से सभी वर्ग के लोगों के द्वारा इसको पहनना आदर्श नियमों का पालन करना माना जाता है। इस प्रकार के समाज के सभी लोगों का अनुकरणीय परिधान माना जाता है ।

8.4 पैन्ट या पतलून:-

ग्रामीण भारत में, सभी वर्ग के लोगों द्वारा इस प्रकार का परिधान लोगों का पसंदीदा बन चुका है। जिसमें पाश्चात्य संस्कृति का प्रभाव प्रतीत होता है ।

यह एक ऐसा परिधान है जो कमर से लेकर या घुटनों के नीचे टखनों तक पहनने वाला परिधान है, जो दोनों पैरों का अलग-२ ढंकता है। जिसे अंग्रेजी में 'पैंट' या ट्राऊजर कहा जाता है। इस परिधान का उपयोग वर्तमान में शहरी या ग्रामीणांचलों अर्थात सर्वत्र स्थानों में

महिलाओं व पुरुषों द्वारा अपनाया जाता है, लेकिन ग्रामीणांचल में महिलाओं को धारण किये यदा-कदा देखा जाता है, किन्तु ग्रामीण मध्य भारत के युवक-युवतियों, दारा इस परिधान को वर्तमान में "स्टाइल या फैशन" के रूप में पसंद करने का चलन है।

पैंट या पतलून पहनने के वैज्ञानिक और सामाजिक कारणों का वर्गीकरण इस प्रकार है :-

पैंट या पतलून पहनने का वैज्ञानिक कारण:-

इस परिधान का वैज्ञानिक तथ्य यह है कि इसको धारण करने से शरीर के कमर से निचले वाला हिस्सा पूर्ण रुपेण ढंक लेता है जिससे पैरों को सुरक्षित रखा जा सकता है और इसके उपयोग से पैर का साधारण चोट, ठण्डी और गर्मी से बचाया जा सकता है और शरीरिक गतिविधियों के दौरान किये जाने वाले क्रियाकलापों जैसे- खेलकूदों, घोड़े की सवारी करने, जंगलों में कार्य के दौरान, अन्य आवंछनीय स्थिति से सुरक्षा प्रदान करता है।

सामाजिक कारण:-

इस परिधान को गाँव या शहरों में धारण करना विकसित समाज को केन्द्रित करता है 'यह एक ऐसा परिधान है, जिससे समाज के लोगों द्वारा व्यक्ति को शिक्षित व विकसित व्यक्ति होने का प्रतीक समझा जाता है। जिससे समाज में आदर व भाव से पश्चात्य संस्कृति की ओर आकृष्ट करने की बात करता है।

8.5 शर्ट और कमीज :

शर्ट या कमीज का अर्थ :-

शर्ट या कमीज यह एक ऐसा परिधान जिसे शरीर के ऊपर वाले हिस्से में धारण किया जाता है, जिसे शर्ट कहा जाता है।

यह मौलिक रूप से पुरुषों का परिधान है। किंतु वर्तमान में नारी शक्तियों को भी धारण करने की झलक समाज में चित्रांकित होती है, लेकिन ग्रामीण क्षेत्रों में अधिकतम युवतियों के द्वारा इसे धारण किया जाता है। इस वस्त्र को महिलाएं (नाममात्र) पहने हुए कहीं - कहीं मिलती है।

शर्ट को पहनने का वैज्ञानिक कारण:-

शर्ट पहनने, से हमें धूप, कीड़े-मकोड़े, ठण्डी, गर्मी इत्यदि आदि राहत मिलती है। क्योंकि यह शरीर में पसीने को जमा नहीं होने देता है और पसीने को सोख लेता है जिससे त्वचा स्वस्थ और सुरक्षित रहती

सामाजिक कारण-

शर्ट या कमीज एक ऐसा परिधान है जिसमें इसे पहनने से 'हम समाज के लोगों के मध्य उचित रूप से दिखे' और लोगों से सम्मान का अनुभव महसूस करें। बेहतर कपड़े धारण करने से 'धारक' का आत्म विश्वास (कॉन्फिडेंस) बढ़ता है, जिससे सहजता महसूस करता है।

सामाजिक रूप से देखें तो एक व्यक्ति दूसरे व्यक्ति से तुलनात्मक रूप से स्थिति का अनुभव करता है।

इस प्रकार पूर्व में इस परिधान का प्रयोग विशिष्ट वर्ग के साथ किया जाता था, आज ग्रामीण युवा के लिए आम धारणा का स्वरूप बन चुका है। जो समान भावना को विकसित करती है।

8.5नारी शक्ति परिधान :-

नारी शक्तियों द्वारा ग्रामीण क्षेत्र में उपयोग किये जाने वाले कुछ परिधान जो साझा संस्कृति को विजिट करते जैसे: साड़ी ब्लाउज, सलवार-सूट इत्यादि है।

साड़ी :- (परिचय)

भारतीय संस्कृति में अनेकता में एकता की छाप परिधानों से भी माना जाता है, जिसमें नारी शक्तियों का मुख्य परिधान साड़ी है। पाठकों, मैंने ग्रामीण क्षेत्रों में देखा कि हमारी मातृ शक्तियों द्वारा पूरी साड़ी का उपयोग करने का रिवाज है किन्तु आज भी कुछ मातृ शक्तियों द्वारा क्षेत्रीयता के आधार पर आधी साड़ी धारण करने का रिवाज प्रचलन में है। जो दोनों प्रकार के साड़ी धारण करने के तरीके संस्कृति और रिवाज को जीवंत प्रदर्शित करते है।

साड़ी का आशय:-

साड़ी (saree) :-

(सारी) साड़ी-भारत में महिलाओं का एक बेहद पसंद वस्त्र है, विवाहित महिला इसे संस्कृति का एक अभिन्न हिस्सा मानती है, जिसे समाज द्वारा साड़ी परिधान को आदर्श मान्यता देता है। ग्रामीण क्षेत्र में, भारत की सभी नारी शक्तियों के द्वारा साड़ी पहनावे को आदर्श परिधान के रूप में स्वीकार किये जाने वाला वस्त्र है जो समाज में उत्तम रूप से प्रभावशील है।

वैज्ञानिक कारण:-

साड़ी एक लंबा और ढीला डिजाइन वाला वस्त्र होता है जिसरो राभी मौसमों में आरामदायक धारक कोमहसूस होता है और शरीर ढकें होने के कारण बाहरी तत्वों से त्वचा सुरक्षित करने का कार्य करता है, जिसमें शरीर को स्वस्थ्य रखने में मदद मिलती है।

सांस्कृतिक कारण:-

इस परिधान को धारण करना भारत के ग्रामीण क्षेत्रों में ही नहीं सभी स्थलों में भारतीय संस्कृति का एक अनूठा व पवित्रता को परिलक्षित करता है, जो आदर्शवादिता को समाज में स्वीकार करने की मान्यता के दर्शन अवलंबित होते है।

सामाजिक कारण :-

हमारे समाज में परिवार के साथ-साथ रहने की प्रणाली है जिसमें नारी शक्तियों द्वारा साड़ी धारण कर बुजुर्गों की मर्यादा करने की परिपाटी पीढ़ी दर पीढ़ी हस्तांतरित हो कर आज भी सिर ढंकने की प्रथा का प्रचलन देखने को मिलता है ।

ब्लाऊज (Blouse):-

ब्लाऊज (Blouse) एक ऐसा वस्त्र है जो मातृत्व शक्तियों द्वारा इस परिधान को शरीर के ऊपरी हिस्से में धारण किया जाता है जिससे इनके शरीर का ऊपरी हिस्सा, संरक्षित होता है। समाज की सभी नारी शक्ति 'इस परिधान को धारण करने से आत्म सम्मान व स्वाभिमान से सम्मानित व गौरवान्वित महसूस कर, अपनी भारतीय संस्कृति को विकसित करने में अनूठी पहल का प्रतीक है और इस संस्कृति को साझा कर आदर्शवादिता' की ओर केन्द्रित करती है।

ब्लाऊज पहनने के विविध कारण इस प्रकार है:-

बैज्ञानिक कारण:-

इस परिधान को धारण करने से नारी शक्ति का ऊपरी हिस्सा पूर्णत: ढंका रहता है जिसके कारण त्वचा सुरक्षित होती है ।यह एक सुरक्षा के आधार से सही व श्रेष्ठ परिधान की श्रेणी में परलक्षित होता है। जिससे इस परिधान से हमारे देश की मातृत्व शक्ति का स्थान सर्वोच्च माना जाता है साथ ही स्वास्थ्य की दृष्टि से उपयुक्तता रहती है।

सामाजिक व सांस्कृतिक:-

इस परिधान को धारण करने से समाज में सम्मान का भाव प्रदर्शित होता है और भारत की अनूठी संस्कृति को विकसित करने में सृजनात्मक व विकासात्मकता को प्रतिष्ठित करता है।

सलवार सूटः-

सलवार सूट भारतीय महिलाओं की एक प्रमुख वेशभूषा है जो सांस्कृतिक रूप से भी बहुत महत्वपूर्ण है। यह एक बहुमुखी परिधान है जिसे विभिन्न अवसरों पर पहना जा सकता है, चाहे वह औपचारिक हो या अनौपचारिक।

सलवार सूट का महत्वः-

भारतीय संस्कृति के साथ गहराई से जुड़ा हुआ है और यह महिलाओं की पहचान और सामाजिक स्थिति को भी दर्शाता है।

सांस्कृतिक कारणः

सलवार सूट एक ऐसा परिधान है जो भारतीय संस्कृति और परंपरा का प्रतीक है। यह महिलाओं की शालीनता और सादगी को दर्शाता है और साथ ही आधुनिकता को भी समायोजित करता है।

सामाजिकः

सलवार सूट महिलाओं की सामाजिक पहचान और स्थिति को भी दर्शाता है। यह महिलाओं को एक विशेष रूप से सुंदर और आकर्षक लुक प्रदान करता है, जो उन्हें विभिन्न अवसरों पर प्रतिष्ठित है।

निष्कर्षः-

परिधानों का विश्लेषण करने का आश्य है कि हमारे समाज में भारतीय संस्कृति के विविध रूप के दर्शन अवलंबित होते है। जो सामुदायिक भावनाओं को विकसित करने में संवर्धित करते है।

अध्याय – 12

भारत के ग्रामीणांचल के प्रमुख खनिज

भारत के ग्रामीणांचल की झलक में कुछ क्षेत्रीय स्थानों के परिप्रेक्ष्य में खनिज पदार्थों की जानकारी प्रस्तुत करना चाहेंगे :-

भारत की धरा प्राकृतिक खनिज संपदा संपन्न है जिसमें विविध खनिज संपदा का अकूत भंडार भी मिलते है। जो भारत को सोने की चिड़िया कहने से कोई गुरेज नही कर सकता है। इस धरातल में अनेकों स्थान खनिज पत्थरों इत्यादि प्राप्त होते है।

भारत के ग्रामीण क्षेत्रों में कई महत्वपूर्ण खनिज पाए जाते हैं, जिनमें कोयला, लौह अयस्क, बॉक्साइट, तांबा, सोना, जस्ता, सीसा, अभ्रक, चूना, पत्थर व संगमरमर प्रमुख हैं। भारत में विभिन्न प्रकार के खनिजों का भंडार है। कुछ प्रमुख खनिज जो भारत में पाए जाते हैं, वे इस प्रकार हैं:

कोयला:

भारत के म.प्र. राज्य में कोयला भंडार के महत्वपूर्ण भंडार है, जैसे:- सोहागपुर, शहडोल, छिंदवाड़ा, जो ऊर्जा उत्पादन में महत्वपूर्ण भूमिका निभाता है।

लौह अयस्क:

यह भारत के प्रमुख खनिजों में से एक है, जिसका उपयोग इस्पात और अन्य धातुओं के निर्माण में किया जाता है।

जबकि कटनी जिले में बॉक्साइट और डोलोमाइट प्रमुख हैं, लौह अयस्क के भंडार भी पाए जाते हैं, जैसा कि टेस्टबुक पर कहा गया है।

बॉक्साइटः

बॉक्साइट खनिजों में यह एल्यूमीनियम धातु का अयस्क है, जो भारत में अनेकों स्थानों में पाया जाता है। जैसे जबलपुर में बॉक्साइट विभिन्न स्थानों पर पाया जाता है, खासकर डिंडोरी और दमोह जिले में। डिंडोरी में 300 हेक्टेयर में बॉक्साइट का पता चला है, दमोह जिले में भी बॉक्साइट के बड़े भंडार पाए गए हैं। इसके अलावा, टेस्टबुक के अनुसार, बॉक्साइट मध्य प्रदेश के कई जिलों में पाया जाता है, जैसे कि जबलपुर, कटनी, मंडला, सतना, शहडोल, धार, खरगोन, इंदौर और रीवा।

हीराः-

मध्य प्रदेश, भारत का एकमात्र ऐसा राज्य है जहां पन्ना जिले से 90% उत्पादन होता है। पन्ना, मध्य प्रदेश में हीरे के खनन के लिए जाना जाता है और इसे 'हीरों का शहर' भी कहा जाता है. पन्ना जिले के मझगवां में स्थित हीरा खदान भारत की एकमात्र संगठित हीरा खदान है, जिसका संचालन राष्ट्रीय खनिज विकास निगम (NMDC) करता है।

तांबाः-

बालाघाट जिला मध्य प्रदेश में तांबा का प्रमुख उत्पादक है मलांजखंड खदान, भारत में सबसे बड़ी ओपन कास्ट तांबे की खान है। जबलपुर जिले में भी तांबे का उत्पादन होता है, जो मध्य प्रदेश के कुल तांबा उत्पादन का लगभग 10% हिस्सा है।

तांबा एक महत्वपूर्ण धातु है जिसका उपयोग विद्युत केबल, घरेलू उपकरण और अन्य विभिन्न प्रकार के उत्पादों में किया जाता है।

सोनाः

सोना एक मूल्यवान धातु है जिसका उपयोग आभूषण, इलेक्ट्रॉनिक्स और अन्य विभिन्न क्षेत्रों में किया जाता है।कटनी जिले में इमलिया गाँव में सोने के भंडार मिलने के संकेत मिले हैं। 20 साल पहले हुए सर्वे और

2017 में सर्वे रिपोर्ट पास होने के अनुसार यहां पर प्रचुर मात्रा में गोल्ड अयस्क पाया गया है। इमलिया में सोने के कण नदी की रेत में भी पाए गए हैं।

इमलिया में 6.5 हेक्टेयर की खदान में सोने के बड़े भंडार होने का अनुमान है, जिसकी नीलामी प्रक्रिया 2020 में हुई थी। जीएसआई के सर्वे में इस क्षेत्र में सोने के भंडार बताए गए हैं, जिसमें सोने में करीब 70% की शुद्धता है और यह आर्थिकरूप से भी फायदेमंद बताया गया है।

कटनी जिले के स्लीमनाबाद तहसील क्षेत्र के इमलिया गांव में सोने की खदान मिलने के संकेत मिले हैं। जीएसआई अधिकारियों ने इमलिया में दो स्थानों पर 135 और 195 मीटर तक ड्रिलिंग कराई थी। निकाले गए खनिजों के नमूने को जांच के लिए भेजा गया था और सोने की शुद्धता लगभग 70% पाई गई। यह जानकारी टैक्स बुक्स संग्रहित है।

जस्ता(zinc):

भारत में जस्ते के सबसे बड़े भंडार राजस्थान में हैं, जहाँ 95% से अधिक जस्ता पाया जाता है. राजस्थान के चित्तौड़गढ़, राजसमंद, भीलवाड़ा और उदयपुर जिलों में जस्ते का बड़ा भंडार है।

सरकारी रिपोर्ट के अनुसार, जबलपुर में जस्ता मुख्य रूप से "जस्ता भट्टी" नामक औद्योगिक क्षेत्र है जो जबलपुर शहर के पास स्थित है। जस्ता का उपयोग पेंट, प्लास्टिक और अन्य उद्योगों में किया जाता है।

सीसा:-

सीसा यानी कांच, रेत, सिलिका, सोडियम कार्बोनेट और कैल्शियम कार्बोनेट के मिश्रण से बनाया जाता है। भौगोलिक रूप से मध्य प्रदेश के मध्य भाग में स्थित है सीसा का उपयोग बैटरी, तार और अन्य विभिन्न क्षेत्रों में किया जाता है।

अभ्रक:-

अभ्रक भारत में सबसे अधिक आंध्रप्रदेश में पाया जाता है और मध्य प्रदेश के झाबुआ जिले में पाया जाता है। अभ्रक का उपयोग बिजली और इलेक्ट्रॉनिक्स उद्योग में किया जाता है।

मैंगनीज:-

सरकारी रिपोर्ट के अनुसार, बालाघाट में भारत के कुल मैंगनीज उत्पादन का लगभग 80% भाग पाया जाता है। मैंगनीज इस्पात के निर्माण में एक महत्वपूर्ण घटक है।

चूना पत्थर:-

2018 की रिपोर्ट के अनुसार चूना पत्थर के कुल उत्पादन में अग्रणी उत्पादक राज्य राजस्थान (22%) है, इसके बाद मध्य प्रदेश (13%), आंध्र प्रदेश और छत्तीसगढ़ (11% प्रत्येक), कर्नाटक (9%), तेलंगाना (8%), गुजरात (7%) और तमिलनाडु (6%) आते हैं। यह मध्यप्रदेश के कटनी जिले में चूना पत्थर जमुनिया खदान में 9% प्रतिशत पाया जाता है। चूना पत्थर का उपयोग सीमेंट, कांच और अन्य उद्योगों में किया जाता है।

संगमरमर पत्थर:-

भारतीय राज्य राजस्थान के नागौर जिले में मकराना शहर है। यह शहर उच्च गुणवत्ता वाले संगमरमर के उत्पादन के लिए जाना जाता है, यही वजह है कि इसे अक्सर "मकराना संगमरमर" कहा जाता है। मकराना संगमरमर मूर्तिकला और वास्तुकला में इसके उपयोग के लिए प्रसिद्ध है। मध्यप्रदेश राज्य में संगमरमर प्राप्ति के प्रमुख स्थान इस प्रकार है:-

कटनी:

कटनी जिले में संगमरमर की खदानें हैं और यहां से उच्च गुणवत्ता वाला संगमरमर निकाला जाता है।

जबलपुरः

जबलपुर में नर्मदा नदी के किनारे संगमरमर की चट्टानें प्रसिद्ध हैं यहां पर भगवान शंकर या अन्य मूर्ति बनाई जाती है।

छिंदवाड़ा, बैतूल और सिवनीः-

इन जिलों में संगमरमर रंग-बिरंगे मिलते हैं जो अत्यन्त उपयोगी है। भारत के ग्रामीण क्षेत्रों में खनिज संसाधनों का सही और प्रभावी उपयोग करने के लिए, खनन गतिविधियों को व्यवस्थित तरीके से और पर्यावरण के प्रति संवेदनशील तरीके से करने की आवश्यकता है।

अध्याय – 13

ग्रामीणांचल के प्रमुख धार्मिक स्थल

भारत के ग्रामीण अंचल मध्यप्रदेश के कटनी व जवलपुर जिले के प्रमुख धार्मिक स्थलों की झलक जनश्रुति व विविध स्रोतों पर आधारित है:-

1. **जगदीश स्वामी मंदिर पिपरिया शुक्ल और अन्य धार्मिक स्थल।**
2. **वीरासन माता ढीमरखेड़ा।**
3. **मेंहदेई माता दशरमन कटनी।**
4. **बांदा इमलाज बहोरीबंद कटनी।**
5. **भरभरा धाम इटवा ढीमरखेड़ा कटनी।**
6. **विष्णु वाराह मझौली जबलपुर।**
7. **रुपनाथ कटाव मझौली।**

1. विविध मंदिरों का केंद्र गांव- पिपरिया शुक्ल:-

ग्राम पिपरिया शुक्ल जिला मुख्यालय कटनी से लगभग 40 से 45 किलोमीटर और विकासखंड मुख्यालय ढीमरखेड़ा से 7 किलोमीटर दूर स्थित है जहां पर विविध मन्दिरों का निर्माण श्रदालुओं के द्वारा कराए गए है।

1.1 जगदीश स्वामी मंदिर :-

जनश्रुति के अनुसार इस मंदिर का निर्माण नायक परिवार के द्वारा कराया जाना माना जाता है। जिनके कोई संतान नहीं थी और कालांतर में शुक्ल परिवार के एक सदस्य को गोदनामा लिया गया। नायक जी की मृत्यु के बाद हकदारी शुक्ल परिवार को मिली ।

इसके पश्चात सारी मालगुजारी का दारोमदार शुक्ल परिवार में आधारित हुआ। जिसमें आज भी इस मंदिर की चकाचौंध जीवंत व आकर्षण का केंद्र है जिसमें रामनवमी के उपलक्ष्य में भगवान श्री राम जी का जन्मोत्सव शुक्ल परिवार के श्याम किशोर जी के द्वारा नेतृत्व किया जाता है ।इस कार्यक्रम में समस्त नगर वासी भगवान का जन्मोत्सव बड़े धूमधाम से मनाते है। यह परम्परा पुरातन संस्कृति का प्रतीक है।

1.2 बेलकुंड नदी पार देवी जी का मंदिर :-

पिपरिया शुक्ल देवी मंदिर का इतिहास मौर्य कालीन शैली (नागर शैली) से बना मंदिर, नक्काशी दार मूर्तियां देवी जी की दिवाल में चिपकाकर बनी होना जो मौर्य काल के समकालीन प्रतीत होता है जिससे यहां का मंदिर अत्यंत प्राचीन हो सकता है। क्योंकि इसमें देवी जी की मूर्ति दिवाल में

चिपकाकर बनी हुई है और हनुमान जी की मूर्ति यहां पर जो देखी गई है वह प्रतिमा में हनुमान जी तलवार शस्त्र धारण किए हुए हैं।

उपरोक्त विश्लेषण से संभावना व्यक्त की जा सकती है कि यह मंदिर प्राच्य संस्कृति का केंद्र हो सकता है। आज भी इस मंदिर में गांव के शुक्ल परिवार के द्वारा कार्तिक मास की एकादशी को पूजा अर्चन किये जाने का प्रचलन है। यह मंदिर बेलकुंड नदी के दूसरे छोर गांव के उत्तरी भाग में स्थित है। जिस मंदिर में नौ देवियों को 'एक साथ दिवाल में स्थापित किया गया है। इस मंदिर में चैत्र नवरात्रि में जवा बोए जाते है और राम नवमी में ग्रामवासियों द्वारा देवी गीत भगत आदि कार्य करने का प्रचलन यहां पर आज भी पाया जाता में है ।

प्राचीन शिलालेख :- इस मंदिर के परिसर में एक प्राचीन शिला है जो मंदिर निर्माण के 3 तलों का सांकेतिक अनुमान हो सकता है। चित्रात्मक संकेत :-

(क) निम्न भाग:- सिला के निचले हिस्सा में भगवान विष्णु आराम दायक मुद्रा में लेटे हुए है और उनके चरणों का दबाने का कार्य नारी शक्तियों का चित्रांकन प्रदर्शित है।

(ख) मध्यभाग :- सिला के मध्य भाग़ में दो देवियों भगवान के शिव लिंग प्रतिमा का आलिंगन चित्रांकन है।

(ग) ऊपरी भाग :- सिला के ऊपरी भाग में सूर्य, चंद्र, पुरुष और प्रकृति का चित्रांकन किया गया है।

विशेष:- सिला के बाएं हाथ में अंग्रेजी भाषा का उल्टा D नमूना चित्ररंजित है। जो प्राकृत भाषा का ध या धनुष का संकेत हो सकता है।

1.3.1 शंकर जी के मन्दिर बेलकुंड नदी के मुख्य घाट में :-

बेलकुंड नदी पिपरिया शुक्ल के मुख्य घाट पर शंकर जी के तीन मंदिर व हनुमान जी का एक मंदिर बने हुए है:-

मंदिर क्रमांक 1.3.1

शंकर जी का प्रथम मंदिर ग्राम के श्री धनीराम पटेल जी पिता मुन्ने लाल के द्वारा सन 1958 में निर्माण कार्य कराया गया था जिसमें भगवान शिव की प्रतिमा का प्रतिष्ठान इन्हीं के कर कमलों से संपादित हुआ था जिसमें एक मंदिर का गुंबज बना था किंतु कालांतर पर हनुमान जी की प्रतिमा की स्थापना दूसरा अतिरिक्त मंदिर का निर्माण कर हनुमान जी की पुनः नवीन मंदिर में प्राण प्रतिष्ठा की गई।

1.3.2 तंतुवाय समाज का मन्दिर :-

इस मंदिर की नींव श्री मलथु राम तंतुवाय ने सन् 1958 में डाली और शंकर जी की प्राण प्रतिष्ठा कराई । आगामी समय पर श्री मति कुसुम बाई के द्वारा बाहरी छज्जा का निर्माण कराया गया फिर भी यह मंदिर जीर्ण – शीर्ण की स्थिति में बना रहा । सन 2005 में श्री सुनील तंतुवाय, श्री भोलेराम तंतुवाय, श्री सूरज तंतुवाय के नेतृत्व में फर्शीकरण का कार्य और तंतुवाय समाज के अभूतपूर्व सहयोग से इस मंदिर को संरक्षित किया गया। इस प्रकार वर्तमान में भी इस मंदिर में धार्मिक त्योहारों में लोगो द्वारा पूजा का कार्य जारी रखा जाता है ।

1.3.3 तीसरा शिव जी का मंदिर :-

इस मंदिर का निर्माण श्री आर. डी. तंतुवाय सेवा निवृत्त व्याख्याता द्वारा 2008 में कराया गया और इस मंदिर में भोले नाथ एवं अन्य प्रतिमाओं की प्राण प्रतिष्ठित की गई। इस मोहल्ले को खिरका मंदिर चौराहा के नाम से ख्याति प्राप्त हुई ।

पिपरिया एक बस्ती बसी, जो है बेलकुंड के तीर ।
घाट बीच मंदिर बने, जहां बैठे है महावीर।।
बैठे है महावीर। दर्शन करते सब नर नारी ।
गांव बीच मंदिर बनो, जहां बैठे है त्रिपुरारी।।
तीन तरफ आम लगे, की एक तरफ है हार ।
देवी जी का मंदिर बना की नदी बेलकुंड पार।

(गायन श्री वनमाली राम जी के द्वारा)

1.4 बड़ी माई मंदिर :-

बड़ी माई का स्थल अनादिकाल से ग्राम वासियों के द्वारा पूजा स्थल के रूप में जवा नवरात्रि कार्यक्रम किया जाता रहा है। वैशाख मास की शुक्ल प्रतिपदा से नवमी तिथि तक यहां पर विविध उत्सव होते है। यह कि पूर्व में ग्राम वासियों के द्वारा झोपड़ी बनाया गया कालांतर में इसे ग्राम के रज्जू पटेल व शारदा पटेल इनकी मिस्त्री टीम के द्वारा मढ़िया का स्वरूप दिया गया और बाद में जीर्ण – शीर्ण हो गया तथा यह मंदिर श्री अनिरुद्ध पूरी बापू गिरनारी जी के सौजन्य से 2021-22 में समग्र जन के सहयोग से पुनःनिर्माण कार्य कराया गया। गुंबज का कार्य श्री श्याम किशोर शुक्ला, श्री रमेश उरमलिया, श्री दीपचन्द्र उरमलिया, श्री सुनील तंतुवाय, श्री

रामाधार पटेल, श्री रवीन्द्र पटेल एवं समस्त ग्रामवासियों के अथक प्रयास से 2024 में पूर्ण किया गया।

1.5 हनुमान मंदिर गर्राघाट:-

इस मंदिर की नींव ग्राम के श्री डालन पटेल के आर्थिक सहयोग से रखी गई और आगामी समय में समस्त क्षेत्रीय जनों के सहयोग से विकसित करने में अनूठा योगदान रहा। प्रथम तल श्री डालन जी के छोटे भाई के पुत्र श्री भैयालाल पटेल जी द्वारा तैयार कराया गया। और मंदिर का ऊपरी हिस्से का स्वरूप श्री अनुरुद्ध पुरी महराज जी द्वारा बनवाया गया। वर्तमान में श्री पदमेश पौराणिक जी के सौजन्य से मन्दिर को सौंदर्य भव्य रूप प्रदान करने में अनूठी पहल रही है।

उपरोक्त विश्लेषण से स्पष्ट है कि ग्राम पिपरिया शुक्ल धार्मिक स्थलों पर अग्रणी स्थान रहा है। जिसमें विभिन्न धार्मिक श्रद्धालुओं के द्वारा धार्मिक स्थलों को सृजित कराने में सर्वोच्च स्थान रहा।

2. वीरासन माता ढीमरखेड़ा:-

यह स्थान कटनी जिला मुख्यालय से लगभग 65 किलो मीटर दूर व विकासखंड ढीमर खेड़ा से 8 किलो मीटर दूर स्थित हैं। इस स्थल पर क्षेत्र के अनेकों श्रद्धालु दर्शन करने के लिए जाते है तथा माता का शुभ आशीर्वाद प्राप्त करते हैं।

3. मेंहदई माता दशरमन :-

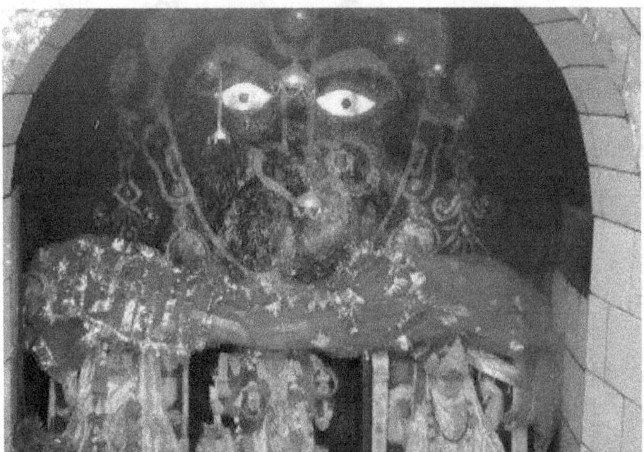

मेंहदेई माता का स्थान जिला मुख्यालय कटनी से लगभग 55 किलोमीटर की दूरी में बसता हैं। यह स्थान सिहोरा - सिलौड़ी मार्ग में ग्राम दशरमन से दक्षिण दिशा की ओर एक किलोमीटर की दूरी में स्थित है। महादेवी मंदिर का प्राचीनतम ऐतिहासिक है पत्रिका की खबर, मेरे सहपाठी श्री सतीश गर्ग जी व जनश्रुति के अनुसार इस मंदिर के निर्माण के दौरान पंडा को सागौन के काटने पर ब्रिटिश हुकूमत के पुलिस अधिकारी ने गिरफ्तार कर लिया और चैत्र नवरात्र की प्रतिपदा जवा बोने का दिन था पर पण्डा

की गैर मौजूदगी में जवा नहीं बोए गए जिसके कारण महादेवी ने अंग्रेज अफसर के मस्तिष्क में ऐसा प्रभाव डाला कि दूसरे दिन पंडा को साथ लेकर आया और जवा बोए गए जब से आज भी महादेवी में द्वितीया को जवा बोए जाते है।

4. बांदा इमलाज राधा कृष्ण मंदिर :-

यह कटनी से लगभग 20 जिला मुख्यालय से दूरस्थ है जो अत्यन्त प्राचीन मंदिर है राधा कृष्ण की प्रतिमा का का बहुत रमणीक और आलौकिक दिव्य दर्शन होते है जिसकी तुलना लघु पन्ना के जुगल किशोर से की जाती है

5. भरभरा धाम इटवां पान उमरियाः-

संत बनवारी दास महराज जी की असीम कृपा से भर भरा आश्रम इटवां धाम का नाम बहुत दूर-दूर तक लोग जानते है। गुरु पूर्णिमा को यहां पर जनसैलाब उमड़ जाता है और उस स्थान पर हजारों की संख्या में नर नारी एवं संत समाज यहां पर दर्शन करने आते है वर्तमान में कई मंदिर बने हुए है। जो भारतीय ग्रामीण धार्मिक दर्शन की झलक आरेखित होती है।

6. भगवान विष्णु के अवतार वराह मझौली जबलपुर:-

यह मंदिर जिला मुख्यालय जबलपुर से 45किलोमीटर दूर ग्राम मंझौली, नगर परिषद् में बना हुआ है, जो कला संस्कृति का अद्भुत मिश्रण का प्रतीक है। वराह प्रतिमा में बृहद व गोदा ओदार अत्यंत आकर्षक दिखती हैं।

वराह मूर्ति की दंत कथाएं:-

इस मूर्ति को लेकर स्थानीय पुजारी एक कहानी सुनाते हैं इनका कहना है कि यह मूर्ति मंदिर से लगभग 1 किलोमीटर दूर एक तालाब में मिली थी जो एक मछुआरे के जाल में फंस गई थी । स्थानीय मान्यता के अनुसार उस समय यह मूर्ति बहुत छोटी सी थी। मछुआरे ने इस मूर्ति को अपने घर पर स्थापित किया और पूजा पाठ शुरू कर दिया लेकिन कुछ दिनों बाद उसके घर में कुछ अनिष्ट होने लगा। इससे वह डर गया और स्थानीय पंडितों से उसने बात की, पंडितों ने मूर्ति को देखा और मूर्ति की स्थापना मंदिर में की गई।मंदिर छोटा सा था और पंडितों का कहना है की मूर्ति ने अपना आकार बड़ा करना शुरू कर दिया । धीरे-धीरे मूर्ति इतनी बड़ी हो गई कि वह छोटा सा मंदिर टूट गया । इसके बाद एक अनुष्ठान के जरिए मूर्ति पर सोने की एक कील ठोकी गई. उसके बात मूर्ति ने अपना आकार बढ़ाना बंद कर दिया. विष्णु वाराह भगवान विष्णु के तीसरे अवतार माने जाते हैं और ऐसा कहा जाता है कि इन्होंने पृथ्वी को गंदगी से निकालकर स्थापित किया था। इसलिए वराह भगवान की पूजा की जाती

है। पूजा-पाठ होता है और लोगों की मान्यता है कि उनकी मनोकामनाएं पूरी होती हैं। विष्णु वराह की यह मूर्ति अद्भुत है. 10 वीं शताब्दी में बनाई गई। इस मूर्ति पर जो छोटी-छोटी मूर्तियां नक्काशी के द्वारा बनाई गई हैं। 10 वीं शताब्दी की इन मूर्तियों का शरीर के अलग-अलग हिस्सों पर उकेरी गई इन आकृतियों का क्या मतलब है। यह शोध का विषय है क्योंकि यह एक कलाकृति मात्र नहीं है बल्कि इसके पीछे कई दार्शनिकों की सोच रही होगी और भी ही यह बात बता सकते थे कि आखिर इस मूर्ति के अलग-अलग हिस्सों में मूर्ति बनाई गई है।

3. रुपनाथ धामः-

रूपनाथ-

सम्राट अशोक का शिला अभिलेख तहसील बहोरीबंद के ग्राम पड रिया नया जिला कटनी पुराना जिला जबलपुर में स्थित है जो कि जबलपुर से लगभग 83किलोमीटर दूर है। सम्राट अशोक के ई०पूर्व तीसरी शताब्दी के शिलोत्कीर्ण लोग यह भी जानना चाहते हैं।

रूपनाथ का इतिहास क्या है?

मध्य प्रदेश के कटनी जिले में स्थित एक ऐतिहासिक और धार्मिक स्थल है, जिसे रूपनाथ धाम के नाम से भी जाना जाता है। यह कैमूर पहाड़ियों के पास स्थित है और यहाँ अशोक के शिलालेख पाए जाते हैं, जो 232 ईसा पूर्व से संबंधित हैं। रूपनाथ धाम में पंचलिंगी शिव मूर्ति, सीता कुंड, लक्ष्मण कुंड और राम कुंड भी हैं। रूपनाथ धाम के कुछ खास बातें:-

अशोक के शिलालेख:-

रूपनाथ धाम में सम्राट अशोक के कई शिलालेख हैं, जो 232 ईसा पूर्व के हैं, यह अभिलेख सिला में उत्कीर्ण है।

पंचलिंगी शिव मूर्ति:-

यहां एक पंचलिंगी शिव मूर्ति है, जिसे रूपनाथ के नाम से जाना जाता है।

कुंड:-

रूपनाथ धाम में तीन कुंड हैं: सीता कुंड, लक्ष्मण कुंड और राम कुंड।

गुफा:-

एक गुफा भी है, जिसमें भगवान भोलेनाथ विराजमान है।

धार्मिक मान्यता:-

ग्रामीण द्वारा ऐसी मान्यता है कि भगवान भोलेनाथ रूपनाथ से जागेश्वरधाम बांदकपुर गए थे।

6. तिगवा मंदिर :-

इस मंदिर की ऐतिहासिक पृष्ठ भूमि यह है कि तिगवा का विष्णु मंदिर, जिसे गुप्तकालीन मंदिर या कंकाली देवी मंदिर के नाम से भी जाना जाता है, मध्य प्रदेश के कटनी जिले में स्थित एक ऐतिहासिक और धार्मिक स्थल है। यह मंदिर लगभग 5 वीं शताब्दी में बनाया गया था और इसमें विष्णु भगवान की प्रतिमाएं दीवार पर उकेरी गई हैं। यह मंदिर बहोरीबंद तहसील से लगभग 5 किलोमीटर दूर है और पुरातत्व विभाग के अधीन है।

विशेषताएं:-विष्णु भगवान की प्रतिमाएं दीवार पर उकेरी गई हैं. गुप्तकालीन वास्तुकला का उदाहरण है। कंकाली देवी मंदिर के नाम से भी जाना जाता है, मंडप में विभिन्न कलाकृतियां देखने को मिलती हैं. यह मंदिर पुरातत्व विभाग के अधीन है।

विशिष्ट जानकारी:-तिगवा एक ऐतिहासिक और धार्मिक स्थल है, जहाँ कई प्राचीन मंदिरों के अवशेष हैं, जिनमें गुप्तकालीन मंदिर मुख्य है।।

निष्कर्ष:- यह कि भारत देश के ग्रामीण अंचल की धरा भी धार्मिक संपदा, सांस्कृतिक विरासत, और प्राचीन ऐतिहासिक स्रोत से अभिन्न नहीं है। जिसमे गांवों में विरासत एवं धार्मिक स्थानों को संरक्षित करने का समाज के धर्म प्रचारकों का योगदान रहा है।

अध्याय - 14

ग्रामीणांचल में धार्मिक और सामाजिक समारोह

भूमिकाः

हमारा भारत देश में अनादिकाल से धार्मिक और सामाजिक समारोह मनाने की प्रणाली प्रचलित रही है इन त्योहारों पर्वो के माध्यम से भारत की धरा एकता अखंडता बना ए रखने हेतु अक्षुण्य योगदान रहा है। हमारा देश धर्म निरपेक्ष के साथ-साथ सभी धर्म के रीति-रिवाज उत्सव कार्यक्रमों आदि को मनाये जाने का रिवाज देखा जाता है जिससे समाज में समरसता सद्भावना के माध्यम से समाज का अनुकूलन रहता है। जिस से समाज को विकृत होने से सुरक्षित किया जाता है।

कुछ सामाजिक एवं धार्मिक कार्य इस प्रकार है:-

सामाजिक उत्सव का अर्थ है समाज में एक साथ आने, जश्न मनाने और विभिन्न परंपराओं और रीति-रिवाजों को साझा करने की एक सामूहिक गतिविधि। यह विभिन्न समुदायों और समूहों के बीच एकता, भाईचारा और सांस्कृतिक समझ को बढ़ावा देता है।सामाजिक उत्सवों में विभिन्न प्रकार के कार्यक्रम शामिल होते हैं, जैसे कि धार्मिक पर्व, सां स्कृतिक कार्यक्रम, सामुदायिक समारोह और विशेष अवसरों का जश्न मनाना।

सामाजिक उत्सवों के महत्वः-

सामुदायिक भावना को बढ़ावा देनाः-

उत्सव लोगों को एक साथ लाते हैं, जिससे वे एक-दूसरे के साथ जुड़ते हैं और एक मजबूत सामुदायिक भावना विकसित करते हैं।

सांस्कृतिक विरासत को संरक्षित करना:-

उत्सव पारंपरिक मूल्यों, रीति-रिवाजों और कलाओं को बढ़ावा देते हैं, जिससे हमारी सांस्कृतिक विरासत को संरक्षित करने में मदद मिलती है.

सामाजिक सद्भाव को बढ़ावा देना:

उत्सव विभिन्न धर्मों और संस्कृतियों के लोगों को एक साथ लाते हैं, जिससे सामाजिक सद्भाव और सहिष्णुता बढ़ती है.

मनोरंजन और खुशी प्रदान करना:

उत्सव लोगों को खुशी और मनोरंजन प्रदान करते हैं, जिससे वे तनाव से दूर रह सकते हैं और जीवन का आनंद ले सकते हैं.

सामाजिक उत्सवों के कुछ उदाहरण:

धार्मिक पर्व:

दिवाली, होली, ईद, क्रिसमस, नवरात्रि आदि।

1. दिवाली:-

दिवाली भारत के गांवों में भी प्रमुखता से मनाए जाना एक त्योहार है जो प्रकाश और उत्सव का प्रतीक है। यह घर को सजाने, दीये जलाने, आतिशबाजी करने और परिवार और दोस्तों के साथ समय बिताने का एक तरीका है। दीपावली मनाने के पीछे कुछ प्रमुख कारण इस प्रकार हैं:

भगवान राम की अयोध्या वापसी:-

रामायण के अनुसार, भगवान राम ने रावण का वध करके और 14 वर्ष का वनवास पूरा करके अपने भाई लक्ष्मण और पत्नी सीता के साथ अयोध्या वापस लौटे थे। उनके स्वागत में अयोध्यावासियों ने पूरे शहर में दीप जलाकर उत्सव मनाया था।

नरकासुर का वध:-

एक अन्य पौराणिक कथा के अनुसार, भगवान कृष्ण ने नरकासुर नाम के असुर का वध किया था। इस विजय की खुशी में लोगों ने दीप जलाए थे।

देवी लक्ष्मी का आगमन:-

दीपावली के दिन, धन और समृद्धि की देवी माता लक्ष्मी की पूजा की जाती है। लोगों का मानना है कि इस दिन लक्ष्मी धरती पर आती हैं और भक्तों के घर जाती हैं।

अंधकार पर प्रकाश की विजय:-

दीपावली को अंधकार पर प्रकाश की विजय के प्रतीक के रूप में भी देखा जाता है। दीप जलाकर, लोग बुराई पर अच्छाई और अंधकार पर प्रकाश की शक्ति का प्रदर्शन करते हैं।

बौद्ध धर्म के अनुसार दिवाली:-

बौद्ध धर्म में दिवाली को बुद्ध की कपिलवस्तु में वापसी और सम्राट अशोक द्वारा बौद्ध धर्म अपनाने के दिन के रूप में मनाया जाता है. इस दिन बुद्ध ने अपने शिष्यों को "अप्पो दीपो भवः" का उपदेश दिया था, जिसका अर्थ है "स्वयं अपने दीपक बनें"।

बौद्ध धर्म में दिवाली का महत्वः -

कपिलवस्तु में बुद्ध की वापसी:

यह माना जाता है कि बुद्ध अपनी जन्मभूमि कपिलवस्तु में 18 वर्षों के तपस्या के बाद वापस लौटे थे, और इस दिन लोगों ने दीप जलाकर उनका स्वागत किया था।

सम्राट अशोक का बौद्ध धर्म में प्रवेश:

सम्राट अशोक ने कलिंग युद्ध के बाद बौद्ध धर्म अपनाया था और उन्होंने इस दिन अपने राज्य में शांति स्थापित करने और बौद्ध धर्म को प्रचारित करने की घोषणा की थी.

दीप दान उत्सव:

बौद्ध धर्म में, दिवाली को दीप दान उत्सव के रूप में भी जाना जाता है, जिसमें दीये जलाए जाते हैं और दान दिया जाता है।

जैन धर्म के अनुसार दिवाली:-

जैन समाज द्वारा दीपावली, महावीर स्वामी के निर्वाण दिवस के रूप में मनाई जाती है। जैन ग्रथों के अनुसार महावीर स्वामी (वर्तमान अवसर्पिणी काल के अंतिम तीर्थंकर) को चर्तुदशी के प्रत्युष काल में मोक्ष की प्राप्ति हुई थी। चर्तुदशी का अन्तिम पहर होता है इसलिए जैन लोग दीपावली अमावस्या को मनाते है।

सिख धर्म में दीपावली क्यों मनाई जाती है?

सिख धर्म में दिवाली का पर्व 'बंदी छोड़ दिवस' के रूप में मनाया जाता है. सिखों के छठे गुरु, गुरु हरगोबिंद साहिब जी को मुगल सम्राट जहांगीर ने कैद कर लिया था. सन 1619 में, दिवाली के दिन उन्हें रिहाई मिली थी, जिसमें गुरु साहिब अपने 52 राजाओं के साथ कारागार से बाहर आए थे। इस त्यौहार को ग्रामीण जानों के द्वारा बड़े हर्षोल्लास के साथ मनाते है। दीपावली को मनाने के तरीके भी अलग-अलग हो सकते है।

2. होली :-

होली का त्यौहार सम्पूर्ण भारत में बड़े धूमधाम से मनाया जाता है इसमें कई धर्मों के लोग एक साथ मिल जुलकर त्यौहार को रंगों से भींगते है। जो भारतीय संस्कृति त्योहारों का मिश्रण पाया जाता है।

भारतीय धर्म के अनुसार :-

होली रंगों, प्रेम और वसंत के त्योहार के रूप में मनाया जाने वाला एक प्रमुख त्योहार है। यह राधा और कृष्ण के शाश्वत और दिव्य प्रेम का जश्न मनाता है। इसके अतिरिक्त, यह दिन बुराई पर अच्छाई की जीत का प्रतीक है, क्योंकि यह हिरण्यकश्यप पर नरसिंह के रूप में विष्णु की जीत का स्मरण कराता है।

हिंदू धर्म के अलावा जैन धर्म, सिख धर्म और बौद्ध धर्म में भी माना जाता है। इस त्योहार को सभी धर्म के लोग एक ही दिन मनाते हैं पर इन सभी के मनाने का तरीका अलग-अलग है।

ईद :-

मक्का से मोहम्मद पैगंबर के प्रवास के बाद पवित्र शहर मदीना में ईद-उल-फितर का उत्सव शुरू हुआ। माना जाता है कि पैगम्बर हजरत मुहम्मद ने बद्र की लड़ाई में जीत हासिल की थी। इस जीत की खुशी में सबका मुंह मीठा करवाया गया था, इसी दिन को मीठी ईद या ईद-उल-फितर के रुप में मनाया जाता है।

3. क्रिसमस :-

25 दिसंबर को पूरी दुनिया में क्रिसमस का त्योहार मनाया जाता है, जिसे ईसा मसीह के जन्मदिन के रूप में मनाने की परंपरा है, ईसाई धर्म में इस पर्व का खास महत्व है। यह उत्सव 25 दिसंबर से शुरू होकर 12 दिनों तक चलता है, जो 6 जनवरी तक जारी रहता है।

4.नवरात्रि महोत्सव

परिचय :-

ग्रामीण भारत में, नवरात्रि महोत्सव को बड़े हर्ष-उल्लास के साथ मनाते जाने वाला उत्सव है।

नवरात्रि अथवा नवरात्र हिन्दू धर्म का एक प्रमुख उत्सव है, नवरात्रि शब्द संस्कृत भाषा का शब्द है, जिसका अर्थ नौ रातों का समय से होता है। इन नवरात्रि पावन पर्व में भी दुर्गा' अर्थात आदि शक्ति के पूजा हिन्दू धर्म के अनुयायियों के द्वारा करने का प्रचलन हैं। इस दौरान 'देवी' के अलग-अलग स्वरूपों की पूजा की जाती है। अन्य धर्मावलंबी जन भी नवरात्रि उत्सव को मनाते है, नवरात्र देवी पूजा का उल्लेख सिक्ख या धर्म के ऐतिहासिक ग्रंथों में मिलता है। जो गुरुगोविंद सिंह जी द्वारा रचित (दशम ग्रंथ में माँ) दुर्गा 'आदिशक्ति' की उपासना की जाती। इस दौरान इस धर्म के लोग शस्त्र पूजा नवरात्रि के शुभ अवसर पर किया जाता है। इतना हि नहीं जैन धर्मो के तीर्थंकारों ने इस 'पर्व के उत्सव का ऐतिहासिक उल्लेख अपने ग्रन्थों में किया है।

और इस प्रकार सनातन धर्म से इनकी की विचारा धारा का मेल है, इस पर्व को सभी जनमानस 'नवरात्रि' को शान्ति की उपासना के रूप में, हर्ष, उल्लास के साथ इस समारोह में शामिल होते है।

(क) नवरात्रि समारोह मनाने की धार्मिक मान्यता :-

भारतीय धर्म ग्रन्थ की पौराणिक मान्यता के अनुसार नवरात्रि समारोह अयोजित करने का मुख्य उद्देश्य देवी दुर्गा और महिषासुर राक्षस के मध्य हुए युद्ध की स्मृति में इस पर्व को आयोजित किया जाता है। पौराणिक कथा की यह मान्यता है कि जो महिषासुर मायावी दानव था जोअत्यंत शक्तिशाली था।

शक्ति शाली होने का मतलब यह है कि अवश्य उसने ब्रम्हा जी के तपस्या के दौरान उनसे वरदान यह प्राप्त कर लिया के उसकी मृत्यु न, तो किसी देवता, असुर व पुरुष के हाथ नहीं होगी, जिसने वर को प्राप्त कर सभी के साथ अत्याचार करने लगा था।

(ख) देवी का अवतार :-

मान्यता के अवसर, उस दानव ने 'मानवतावादी' शक्ति के लिए खतरा बन चुका था, जिसके अत्याचार से दुखी होकर सभी देवता ने, एकत्रित होकर 'दुर्गा रूपी देवी' को उत्पन्न किया । व्हा स्वरूप सर्वगुण सम्पन्न व शक्ति से विद्यमान रखा है। ऐसे दिव्य शक्ति" जो अपार शक्ति से युक्त थी। और यह दिव्य उर्जा रूपी शक्ति ने उससे नौ रातों तक युद्ध किया, अन्ततः 10 वें दिन उस अत्याचार विनाशक महिषासुर नामक राक्षस का वध किया, सृष्टि को संरक्षित करने में अनूठा सर्वशक्ति के रुप में अद्वितीय प्रतिनिधित्व किया।

<u>नवरात्रि के प्रकार</u>

1-शारदीय नवरात्रि:- भारतीय धर्म ग्रंथों के अनुसार नवरात्रि वर्ष में चार बार आती है, और अलग-अलग क्षेत्रों पर त्यौहार को मनाने की

संस्कृति का रूप भिन्न है। जिसमें एक शारदीय नवरात्रि पूरे भारत में मनाये जाने की व्यापक प्रथा है सभी वर्ग जन समुदाय के द्वारा इसे शक्ति और श्रद्धा का प्रतिबिम्ब माना है।

यह त्यौहार की तारीख हिन्दू चन्द्र कैलेन्डर, अश्विनी (क्वांर) चन्द्रमास के शुक्ल पक्ष के पहला दिन प्रति-पदा से लेकर नवमी तक इसको मनाया जाता है। नवरात्रि का अर्थः- इस त्यौहार 'नव रातों' में ही मनाया जाता है इसीलिए इसे नवरात्रि कहा जाता है।

ग्रिगेरियन कैलेंडर के अनुसार यह त्यौहार शरद ऋतु में होता है। इसीलिए इसे शारदीय नवरात्रि कहा जाता है।

2 चैत्र नवरात्रि :- चार नवरात्रियों में, ग्रामीण भारत में भी 'चैत्र नवरात्रि' दूसरा सबसे अधिक मनाये जाने वाली नवरात्रि है, जिसका नाम बसंत के नाम पर रखा गया, जिसका अर्थ है बसंत, यह चैत्र मास की 'प्रतिपदा से रामनवमी' नवरात्रि मनायी जाती है इसका भी निर्धारण हिन्दू-चन्द्र कैलेंडर के आधार पर किया जाता है। और ग्रिगेरियन कैलेंडर के अनुसार मार्च व अप्रैल मनाई जाती है, इस नवमी में राम जी का जन्म उत्सव मनाया जाता है, इसे रामनवमी के रूप में पूजे जाने वाला त्यौहार है। कुछ लोग इसे नवरात्रि के रूप में मनाते है। हिन्दू चन्द्र कैलेंडर प्रथम दिन- चैत्र प्रतिपदा से लेकर नवमी तिथि तक इस पर्व को ग्रामीण या शहरी क्षेत्रों, हिन्दू धर्म के अनुयायी, बड़े हर्ष-उल्लास के साथ नव वर्ष मनाते हैं । इत्यादि किये जाते हैं।

3. वैशाख नवरात्रिः- इस नवरात्रि रात्रि को गुप्त नवरात्रि के रूप में और कुछ क्षेत्र विशेष रूप में मनाये जाने वाले त्योहारों का ही प्रमुख नवरात्रि है। यह बैशाख मास शुक्ल पक्ष की प्रतिपदा से नवमी तक मनाये जाने वाली नवरात्रि है, ठीक पूर्व नवरात्रियों की भांति इस नवरात्रि में हिन्दू चन्द्र सौर केलेण्डर के अनुसार निर्धारित किये जाने वाला त्यौहार है। इस नवरात्रि में देवी त्रिपुर-सुन्दरी की पूजा लिए जाने का प्रावधान है।

4. माघ नवरात्रि- माघ नवरात्रि हिन्दू चन्द्र सौर कैलेण्डर के अनुसार निर्धारित की जाती है, इसके अनुसार आषाढ-माघ मास में मनायी जाती है। और ग्रिगेरियन कैलेंडर के अनुसार यह त्यौहार जून-जुलाई में माह में मनाया जाता है। इसे गुप्त रात्रि के रूप में साधक मानते है, इस नवरात्रि में विशेषकर तांत्रिक क्रियाए, शक्ति, साधना महाकाल भादि से जुड़े कार्यों को किया जाता है।

नवरात्रि मनाने का उद्देश्य:-

विभिन्न नवरात्रियों के वर्णन अनुसार हमें यह भी समझना होगा कि नवरात्रि त्यौहार मनाने का उद्देश्य क्या है?

इस प्रकार नवरात्रि मनाने के मुख्य उद्देश्य इस प्रकार है :-

देवी के नौ रूपों की उपासना:-

इस त्यौहार में देवी की 'नौ रातों' में उपासकों द्वारा अलग- अलग रूपों में पूजा की जाती है।

1. **शैलपुत्री :-** नवरात्रि के प्रथम दिवस माँ शैली पुत्री की पूजा का विशेष महत्व है, इसकी प्रजा का उद्देश्य-मनुष्य में धैर्य संयम और सहनशीलता का विकास करने हेतु मनुष्य माँ शैल पुत्री की उपासका प्रमथ नव दुर्गा के रूप में किया जाता है।
2. **ब्रम्हचारिणी :-** नवरात्रि के दूसरे दिन ब्रम्हचारिणी की पूजा की जाती है और जो तपस्या और दृढ़ संकल्प का प्रतीक होती है, और उनके दाहिने हाथ में जपमाला और बाएं हाथ में कमंडल होता है। नाम का अर्थ - ब्रह्म' का अर्थ यहां तपस्या से है, और चारिणी का अर्थ होता है, आचरण करने वाली जो तपस्या और सदा आचरण करने वाली का प्रतीक माना जाता है। इनकी पूजा करने का उद्देश्य भक्तों में, शक्ति, धैर्य और आध्यामिक विकास की भावना जागृत करना है।

3. **चंद्रघंटा :-** नवरात्रि के 'तीसरे दिन माँ चन्द्रघंटा की पूजा की जाती है, जिसका उद्देश्य मानव जीवन में शांति और साहस का मेल की जाग्रति होती है। मां चन्द्रघण्टा की पूजा करने से मानव समुदाय को भय से मुक्ति, साहस, पराक्रम, आलौकिक तेज और वीरता का प्रतीक माना जाता है और जिससे सौम्यता और गंभीरता का केन्द्र अवलंबित होता है।
4. **कूष्मांडा :-** नवरात्रि के 'चौथे दिवस' कूष्मांडा माता के रुप में पूजा जाता है। इन्हें सृष्टि का रचयिता और सकारात्मक उर्जा का प्रतीक के रूप में माना जाता है। इनकी हंसी से ब्रह्माण्ड की रचना होने की मान्यता है।इसीलिए इन्हें कूष्मांडा कहा जाता है।
5. **स्कन्द माता :-** मां स्कन्द माता देवी दुर्गा के नौ रूपों से ही पांचवां रूप है इन्हें स्कंदमाता कहते है, इनकी पूजा नवरात्रि के 5वें दिन की जाती है। 'भगवान स्कन्द' यानी – कार्तिकेय की माता होने के कारण इन्हे स्कंद माता कहा जाता है। स्कन्द माता की पूजा सच्चे मन से करने सेबसंतान प्राप्ति होने का वरदान प्राप्त होता है।
6. **कात्यायनी :-** माता कात्यायनी की पूजा नवरात्रि के छठवें दिवस होती है जिन्हें कात्यायन ऋषि की की पुत्री माना जाता है, देवी का यह रूप जो शक्ति प्रेम और सौन्दर्य का प्रतीक है। देवी कात्यायनी की आराधना करने से से, धर्म अर्थ, काम और मोक्ष की प्राप्ति होती है ।
7. **कालरात्रि :-** नवरात्रि के सातवें दिवस माँ कालरात्रि को पूजित किये जाने की मान्यता है। जिनका रंग गहरा काला है, वे तीन नेत्रवाली है, और उनके गले में, विद्युत की माला है, इनका वाहन का स्वरूप गधा का होता है, जो भक्तों को भयमुक्त करता है। 'कालरात्रि' को अज्ञान और भय नष्ट करने वाली प्रतीक माना जाता है।

8. **महागौरी :-** नवरात्रि के आठवें दिवस 'महागौरी' देवी के रूप में पूजा जाता है । इन्हें, नारी शक्ति, ऐश्वर्य और सौन्दर्य की देवी का प्रतीक है। साथ ही मनुष्य को असत्य से सत्य की ओर ले जाने का सशक्त माध्यम है।
9. **मां सिद्धि दात्री :-** मां सिद्धि दात्री की पूजा नवरात्रि के अंतिम दिवस किया जाता है, जो सभी प्रकार की की सिद्धियों को प्राप्त करने वाली मानी जाती है। इसीलिए उन्हें सिद्ध दात्री कहा जाता है।

देवी पुराण के अनुसार भागवान शिव ने भी सिद्धिदात्री की तपस्या से प्रसन्न होकर, आठ सिद्धियों को का प्राप्त किया था मां सिद्धिदात्री की पूजा करने से मनुष्यों की सभी मनोकामना पूरीbहोती है। और सारी सिद्धियां प्राप्त हो जाती है।

देवी के नव-रूप लोगों को, साहस, शांति, धैर्य मौन, कर्तव्य परायण, भयमुक्त आदि का प्रतीक माना जाता है, जिससे समाज में नवीन- विचार धाराओं का प्रकटी करण होकर, समभाव, एकीकरण, और आदर्श समाज स्थापित किये जाने का उपाय आरेखित होता है।

जिसका विवरण इस प्रकार है:-

इस प्रकार 'नौ रूपों पर आधारित, लोगों ने क्या सीखा है उसका टिकाएक जैसे- नारी सम्मान, मानव संस्कृति मेल जोल, समाज का एकीकरण, बुराई पर अच्छाई जीत का प्रतीक, कला संस्कृति की झलक, भेदभाव से मुक्त समाज का सृजन करने में सहायक, स्वतंत्रता आन्दोलन सहयोग में इस त्यौहार में ग्रामीण भारत के साथ सम्पूर्ण भारत में नये समाज का विकसित समाज का निर्माण को केन्द्रित करता है।

(1) सांस्कृतिक कार्यक्रम:-

नाटक, नृत्य, संगीत, कला प्रदर्शन आदि।

नाटक:- नाटक एक ऐसा सांस्कृतिक कार्य है जो समाज को प्रभावित करता है, सांस्कृतिक मूल्यों को प्रदर्शित करता है, सामाजिक मुद्दों पर चर्चा करता है, मानवीय अनुभवों का चित्रण करता है, इतिहास को प्रदर्शित करता है, और अभिव्यक्ति का एक माध्यम है।,

नृत्य :- लय बद्ध तरीके से शरीर की गति है, आमतौर पर संगीत के साथ और एक निश्चित स्थान के भीतर, किसी विचार या भावना को व्यक्त करने, ऊर्जा को मुक्त करने, या बस आंदोलन में आनंद लेने के उद्देश्य है।

संगीत :- संगीत एक कला है जो किसी विचार को व्यक्त करने के लिए स्वर या वाद्य की ध्वनि, कभी-कभी दोनों का संयोजन करती है, रूप, सामंजस्य और भावना की अभिव्यक्ति का उपयोग करती है। संगीत कई अलग-अलग रूपों का प्रतिनिधित्व करता है जो दुनिया भर की संस्कृतियों में महत्वपूर्ण भूमिका निभाते हैं।

कला:- कला (Art) एक अभिव्यक्ति है जो हमारे विचारों, भावनाओं और अनुभवों को दर्शाती है। यह एक माध्यम है जिसके द्वारा हम अपने विचारों को दूसरों तक पहुंचा सकते हैं। कला में कई रूप होते हैं जैसे चित्रकला, मूर्तिकला, संगीत, साहित्य, नृत्य, और सिनेमा। कला हमारे जीवन को रंगीन बनाती है, हमें सोचने के नए तरीके सिखाती है, और हमारी संस्कृति को समृद्ध करती है।

सामुदायिक समारोह:-

शादी, विवाह, जन्मदिन, नववर्ष, स्वतंत्रता दिवस आदि.

विशेष अवसर:-

फसल उत्सव, खेल प्रतियोगिताएं, पर्यटन आदि.

मनोरंजन प्रदान करते हैं।

अध्याय – 15

उच्च शिक्षा और ऐतिहासिक धरोहर

परिचय -

महर्षि महेश योगी वैदिक विश्वविद्यालय, जिसे महर्षि महेश योगी वैदिक विश्वविद्यालय (एमएमवाईवीवी) के नाम से भी जाना जाता है, भारत के मध्य प्रदेश के कटनी में स्थित एक मान्यता प्राप्त, वैधानिक निजी विश्वविद्यालय है। यह महर्षि शैक्षिक प्रणाली का हिस्सा है और 1995 में राज्य विधानमंडल द्वारा स्थापित किया गया था। यह स्नातक और स्नातकोत्तर दोनों डिग्री कार्यक्रम प्रदान करता है।

इतिहास

विश्वविद्यालय का नाम इसके संस्थापक महर्षि महेश योगी के नाम पर रखा गया है, जिन्होंने दुनिया को ट्रांसेंडेंटल मेडिटेशन तकनीक से परिचित कराने में महत्वपूर्ण भूमिका निभाई थी। महर्षि महेश योगी वैदिक

विश्वविद्यालय की स्थापना मध्य प्रदेश राज्य विधानमंडल (अधिनियम 37) द्वारा 1995 में की गई थी; महर्षि को 'विश्वविद्यालय का पहला कुलाधिपति' कहा गया है।

शैक्षणिक

एमएमवाईवीवी एक 'वैधानिक विश्वविद्यालय" है जिसे विश्वविद्यालय अनुदान आयोग (यूजीसी) द्वारा मान्यता प्राप्त है। एमएमवाईवीवी भारतीय विश्वविद्यालय संघ से भी संबद्ध है। विश्वविद्यालय के बीबीए और बीसीए कार्यक्रमों को 1988 में तकनीकी शिक्षा निदेशालय की स्वीकृति प्राप्त हुई। शिक्षकों के प्रशिक्षण के लिए विश्वविद्यालय का बीएड कार्यक्रम राष्ट्रीय अध्यापक शिक्षा परिषद (एनसीटीई) द्वारा मान्यता प्राप्त है और जबलपुर परिसर में पेश किया जाता है।

विश्वविद्यालय पीजीडीसीए और डीसीए डिग्री भी प्रदान करता है। यह उन छात्रों को व्यावसायिक प्रमाण पत्र भी प्रदान करता है जो अपने आधुनिक कार्यालय प्रबंधन और ड्रेस डिजाइनिंग निर्माण कार्यक्रमों की आवश्यकताओं को पूरा करते हैं। विश्वविद्यालय भारत के प्राचीन इतिहास, भाषाओं और संस्कृति के साथ-साथ एक वर्षीय डिप्लोमा कार्यक्रमों में स्नातक और स्नातकोत्तर कार्यक्रम प्रदान करता है।

विश्वविद्यालय के अनुसार अन्य पाठ्यक्रमों में महर्षि वैदिक दृष्टिकोण से स्वास्थ्य, पारलौकिक ध्यान, महर्षि कॉर्पोरेट विकास महर्षि स्थापत्य वेद, टीएम-सिद्धि कार्यक्रम, महर्षि गंधर्व वेद, महर्षि ज्योतिष और यज्ञ, प्राकृतिक कानून के माध्यम से महर्षि वैश्विक प्रशासन और महर्षि अजेय रक्षा शामिल हैं। व्यावसायिक डिग्री के लिए एक दूरस्थ शिक्षा कार्यक्रम विश्वविद्यालय के परिसरों और अध्ययन केंद्रों के माध्यम से ऑडियो-वीडियो और टेलीकास्ट प्रारूप का उपयोग करके संचालित किया जाता है।

दूरस्थ शिक्षा के छात्रों को संकाय के साथ आमने-सामने बातचीत और 'कार्य से संबंधित क्षेत्र परियोजनाएं भी मिलती हैं। विश्वविद्यालय के दूरस्थ मोड पाठ्यक्रम दूरस्थ शिक्षा परिषद (डीईसी) द्वारा अनुमोदित हैं। विश्वविद्यालय कथित तौर पर एक "चेतना आधारित शिक्षा प्रणाली" का उपयोग करता है जिसमें ट्रांसेंडेंटल मेडिटेशन तकनीक का अभ्यास शामिल है जिसका उद्देश्य आगे व्यक्तिगत विकास प्रदान करना है।

(उक्त लेख विकिपीडिया पर आधारित है)

महर्षि महेश योगी वैदिक विश्वविद्यालय का ग्रामीणांचल में महत्व :-

महर्षि महेश योगी वैदिक विश्वविद्यालय की स्थापना ब्रह्मस्थान करौंदी में भौगोलिक केंद्र बिन्दु की धरा में शिक्षा का केंद्र स्थापित किया जिसके कारण क्षेत्रवासियों को रोजगार ,शिक्षा, ज्ञान विज्ञान, धर्म, भावातीत ध्यान, अनुष्ठान, चेतना विज्ञान आत्मा पर आधारित शिक्षा के ज्ञान के प्रकाश से आरेखित करता है। जिससे छात्र छात्राओं को वैदिक कला, व्यावसायिक शिक्षा, ध्यान शिक्षा से आविर्वभूत होकर उच्च शिक्षा ग्रहण करने में सर्वोच्च स्थान रहा है।

संस्था द्वारा सुविधाएं –

विश्विद्यालयीन प्रबंधन द्वारा शिक्षा की ओर केंद्रित करने हेतु छात्र छात्राओं के आवागमन को सुविधा जनक बनाने हेतु निःशुल्क बस संचालित कर परिवहन की सुविधा उपलब्ध कराई गई है जिससे क्षेत्र के विद्यार्थियों को उच्च शिक्षा प्राप्त करने में असुविधा का सामना नहीं करना पड़ता। बड़े ही सरलतम ढंग से शिक्षा ग्रहण करने में सहायक सिद्ध हुआ है। इस प्रकार महर्षि विश्वविद्यालय में आधुनिक शिक्षा ही नहीं वैदिक और आध्यात्मिक शिक्षा से छात्र- छात्राओं में नई शिक्षा का संचार अवलंबित हुआ है।

भारत का भौगोलिक केंद्र बिन्दु

परिचय :

विंध्याचल पर्वत की केंचुआ सी पहाड़ियों की ढलान पर स्थित करौदी ग्राम भारत का भौगोलिक मध्य बिन्दु है। विभाजन और आजादी के बाद सन् 1956 में डॉ० लोहिया जी की प्रेरणा से जबलपुर इंजीनिरिंग कालेज के संस्थापक प्राचार्य एस० पी० चक्रवर्ती की अगुवाई में अनुसंधान प्रारंभ हुआ । पाया गया कि समुद्र तल से 389. 3 मीटर की ऊंचाई, 23° 38'48 अक्षांश 80,19:53 दीक्षांश भारत का केन्द्र बिन्दु है। डॉ लोहिया जी उसी वर्ष यहाँ आए और एक अन्तर राष्ट्रीय आदर्श गाँव बसाने का सपना संजोया। उनका नजरिया था कि दुनिया भर के किसान यहाँ आकर बसें और अपनी-अपनी परम्परा के अनुसार यहाँ रहे। एक अन्तर्राष्ट्रीय गाँव का

संजोया सपना उनके देहांत के बाद कभी पूरा नहीं हो सका। डॉ० लोहिया के निधन के बाद 1967 में संविदकाल के समय उनके संकल्प में समाजवादियों का ध्यान मनोहर गांव करौंदी की ओर मुड़ा। 1968 में यहाँ एक सम्मेलन का आयोजन किया गया और लोहिया के सपनों को साकार करने के लिए प्रस्ताव पारित किये गये, राज्य सरकार से इस हेतु 1300 एकड़ भूमि की माँग की गयी किन्तु न तो भूमि मिली नही किसी राजनीतिज्ञ को राजनीति से फुर्सत मिली। कि इस ओर किसी का ध्यान जाता। अन्तोगत्वा सन 1987 में भारत यात्रा केन्द्र के संरक्षक डॉ राही जी के अथक प्रयासों से जिले की इस धरोहर की दुर्दशा के विषय में भारत के पूर्व प्रधानमंत्री चन्द्रशेखर जी का ध्यान आकर्षित किया। उसी वर्ष दिसम्बर में चन्द्रशेखर जी यहाँ आये और उनकी प्रेरणा से भारत का केंद्र बिन्दु स्मारक का निर्माण कराया गया है कि सरकार कुछ करे जानकर हम सब मिलकर हमें लोहिया जी के स्वप्न को साकार करेंगे। चन्द्रशेखर जी ने समाज गैर बराबरी मिटाने और पिछड़े वर्ग में तरक्की की रोशनी फैलाने के मकसद से करौंदी को प्रतीक के रूप में चुनाव किया। दरअसल करौंदी जिसे लोहिया जी की स्मृति में मनोहर गाँव का नाम दिया की गया है। भौगोलिक केन्द्र बिन्दु के अलावा दूसरे अर्थों में असली भारत के वास्तविक चेहरे का प्रतिनिधित्व करता है। पार्टी का नुमाइंदा मानकर चुनता रहा। मुसीबत हो यह है कि अपनी इस दुर्दशा का ज्ञान समाज को नहीं है।अंग्रेजी शासन द्वारा स्थापित देश की कार्यपालिका जिसका मूल उद्देश्य समाज को डरा धमका कर बाँटकर रखना और शासन करना था, आज भी कायम है, फर्क सिर्फ इतना हुआ है कि कुछ और कुरीतियाँ जैसे भारी भ्रष्टाचार, गैरजिम्मेदार रवैया अपने से कमजोर पर रौब दिखाना और सबक सिखाने की प्रवृति हमारे प्रशासनिक अधिकारियों में कूट-कूट कर भर चुकी है और इसकी बजह यह है कि विगत वर्षों में राजनैतिक नेतृत्व भ्रष्ट कमजोर एवं घटिया होता गया। समाज व्यक्ति से अधिक राजनैतिक पार्टियों को महत्व देता गया और ऊपर से थोपे गये व्यक्ति को राजनैतिक पार्टी यात्रा करते समय पिछड़े क्षेत्रों की दुर्दशा देखकर निर्णय लिया था कि

देश के घर उन पिछड़े इलाकों में कम से कम एक ऐसा गैर सरकारी केन्द्र स्थापित किया जाये जो भारत के ग्रामीण अंचलों की दुर्दशा का आंकलन कर सके। उड़ीसा, आंध्रप्रदेश, उत्तर प्रदेश, बिहार, राजस्थान और मध्यप्रदेश के घोर पिछड़ेपन का यह एक बड़ा कारण है और भारत के इस भौगोलिक इस बिन्दु को इन पिछड़े इलाकों का मध्य बिंदु भी माना जा सकता है। 15 सन् 1988 को बरिष्ठ समाज-वादी चिंतक एवं शिक्षाविद आचार्य नरेन्द्र देव जी के जन्म शताब्दी समारोह का शुभारंभ इस छोटे से गाँव में एक राष्ट्रीय सम्मेलन बुलाकर किया गया। देश भर के शिक्षाविद्र राजनीतिज्ञ एवं विद्वानों ने यहाँ आकर इसकोअक्टूबर लोहिया जी की याद में मनोहर गाँव करौंदी का नाम दिया और इस तरह भारत यात्रा केन्द्र की स्थापना हुई जो कि केन्द्र बिन्दु है जो उन्होंने सन् 1983 में कन्या कुमारी से दिल्ली तक भारत की पद यात्रा करते समय पिछड़े क्षेत्रों की दुर्दशा देखकर निर्णय लिया था कि देश के घर उन पिछड़े इलाकों में कम से कम एक ऐसा गैर सरकारी केन्द्र स्थापित किया जाये जो भारत के ग्रामीण अंचलों की दुर्दशा का आंकलन कर सके और यह दिखा सके कि आज भी भारत के आदिवासी पिछड़े इलाकों में इतनी क्षमता और ऊर्जा है कि वो अशिक्षा, गरीबी भुखमरी से स्वयं निजात नहीं पा सकते हैं। केवल देश-प्रेम और शिक्षा का प्रसार करने की जरूरत है, एक अलख जगाने की भारत यात्रा केन्द्र आश्रम के संचालन में अपना संपूर्ण जीवन तन समर्पित कर देने वाले स्वर्गीय डॉ राही जी का इस क्षेत्र की जनता कोटि-कोटि नमन करती है। और 15/12/1987 को इस सांस्कृतिक धरोहर को स्थापित किया गया।

केंद्र बिन्दु करौंदी का महत्वः-

भारत यात्रा मनोहर गांव करौंदी केंद्र बिंदु की स्थापना के उपरांत इस स्थल में भारत के पूर्व प्रधानमंत्री चंद्रशेखर जी और मध्यप्रदेश के तत्कालीन मुख्यमंत्री दिग्विजय सिंह का इस धरातल 1998 में आगमन हुआ और जिसमें व्यापक प्रचार प्रसार का एक केंद्र रहा है। इसके पश्चात

डॉ राही जी के संरक्षण में केंद्र बिन्दु का रख रखाव किए जाने लगा।आज सरकार के अथक प्रयास से इस स्थल को प्रगतिशील बनाया गया है और अब यह सांस्कृतिक धरोहर का केंद्र बना हुआ है। जिसमें मैने स्वयं अवलोकन किया कि पर्यटक यहां पर आते है और केंद्र बिन्दु के परिप्रेक्ष्य में जानकारी प्राप्त करने के साथ प्राकृतिक छटा का दर्शन कर आनन्द की अनुभूति से आविर्भूत होते है । इसका यशगान करते पर्यटक नहीं थकते है।

ये है अपना गाँव करौंदी, एक तरफ है मिट्टी के घर।
एक तरफ है चार चिरौंजी ये है अपना गांव करौंदी ।।
श्रमिक किसानों की है बस्ती, मेहनत हँसती, मेहनत मस्ती।
हाथ है मैले, उजला मन है, सादगी और सहजता बसती।।
देखो नन्हा मुन्ना मोड़ा,खा रहा महुआ चार चिरौंजी।ये है.....
लिपे पुते है आँगन द्वारे, पंछी चहके सांझ सकारे।
खुश्बू और खुशहाली होती, जो भी आता गाँव हमारे ।
मुन्नी मार रही किलकारी, जैसे आ गई रात रतौंधी ।। ये है....
किसिम-किसिम के बड़े झाड़, आस-पास झरना पहाड़ है।
लोग अतिथि को देव मानकर, स्वागत का करते जुगाड़ हैं।
गोकुल सा कोना लगता है-धूल धूसरित मिट्टी सौंधी। ये हैं.....
पेट पालती खेती पाती, हल और बैल जनम के साथी।
शांति चैन का धन अकूत हैं, भले नहीं है !घोड़ा हाथी।
धन साधन के बड़े नहीं है, घास मड़ैया टटिया औंधी। ये है....
प्रकृति मोहनी आंखिन देखी, नहीं बघारे कोई शेखी।

हेल-मेल है सब लोगों से, बैठी है पूरे गाँव की देबी।
पूजन बैठे सिला पथरिया-चढ़े नारियल और चिरौंजी।। ये हैं....
जंगल के ये बीच बसा है, हरियाली से खूब सजा है।
भारत का भौगोलिक बिन्दु अक्षांश-दिशांश का लेख लिखा है।
अशोक चिन्ह, इतिहास चक्र है,मध्य बसी है गाँव करौंदी। ये है।

(कविता श्री भोले राम द्वारा गायन श्रुति परआधारित)

डॉ राही ने जगाई शिक्षा की अलख:-

इस घने जंगल के मध्य केंचुए सी ढलान वाली पहाड़ियों के मध्य जहां पर सामान्य जनमानस का आना-जाना बड़ा कठिन ही नहीं मुश्किल रहता था किंतु डॉ राही जी इस धरातल में शिक्षा की आहट की अलख जगाई और निजी विद्यालय की स्थापना पूर्व प्रधानमंत्री चन्द्रशेखर जी के गुरु नाम से आचार्य नरेंद्र निकेतन प्राथमिक विद्यालय की स्थापना कराई।जिसमें प्रारम्भ में कुल 5 छात्रों को प्रवेश दिया गया और शिक्षक श्री भोले राम तंतुवाय ने अध्यापन का कार्य प्रारंभ किया । दिग्विजय सरकार में 1998 में शिक्षा गारंटी केंद्र की स्थापना की और डॉ. राही के अथक प्रयासों से माध्यमिक विद्यालय की स्थापना की गई आज इस ग्राम से जुड़े बच्चों ने स्नातक ही नहीं स्नातकोत्तर की शिक्षा तक इस ग्राम के बच्चों ने ग्रहण की।जो राही जी की अनोखी पहल का परिणाम है।

कालीन बुनाई का प्रशिक्षण :-

राही जी ने क्षेत्र वासियों को कालीन बुनाई का प्रशिक्षण केंद्र खोलकर कर स्वावलंबी और आत्म निर्भर बनाने का प्रयत्न किया गया। इस प्रकार ग्रामीण भारत में `भारत यात्रा केन्द्र मनोहर गांव करौंदी' कला संस्कृति व भारत का भौगोलिक केंद्र बिन्दु होना ऐतिहासिक स्थल को केंद्रित करता है।

यह कि आज भी राष्ट्रीय पर्वो में राजेश व्यौहार जी व सांसद प्रतिनिधि श्री पदमेश गौतम जी का शिक्षा विकसित करने व छात्रों को प्रोत्साहित किये जाने हेतु अनूठा योगदान करौंदी में रहता है। जो एक प्रेरणा स्त्रोत अन्य जनसमुदाय के लिए उत्तम हो सकता है।

ग्रामीणांचल में श्री प्रमोद गौतम ने जगाई शिक्षा की लौ :-

श्री प्रमोद गौतम ने दबे, बन्चित वर्गों व निराश विद्यार्थियो के लिए गाँव के लिए वर्ष 1994 में नवीन हाईस्कूल पचपेढ़ी में विद्यालय की स्थापना कर शिक्षा का दीपक जलाया। जिसमें क्षेत्रीय जनों को शिक्षित करने देतु इनके द्वारा विविध मण्डल जैसे- माध्यमिक शिक्षा मण्डल, संस्कृत बोर्ड, राज्य मुक्त विद्यालय, केन्द्रीय मुक्त विद्यालय, दिल्ली बोर्ड, एवं अन्य माध्यमों से ग्रामीणांचल के विद्यार्थियों को शिक्षित करने में भूमिका का निर्वहन किया।

गौतम जी, उच्च शिक्षा प्राप्ति उपरांत जब गाँव में रहकर बच्चों में शिक्षा की लोलुपता तो देखी किन्तु यह पाया कि, क्षेत्र में, समुचित विद्यालय के अभाव में, शिक्षा से वंचित होना पड़ता था। जिसके कारण श्री गौतम जी के अंदर हृदय या वेदना का कटु अनुभव किया हमारे क्षेत्र के मेहनतकश मजदूर एवं मध्यम वर्गीय युवक युवतियां के लिए चिंतन किया और उन्होंने एक या प्रस्फुटन कर शिक्षा की दीपक रूपी लौ का किया आगाज और शिक्षा के लिए खोल दिया कांतिमान अवसर जिनके अथक प्रयासों से सराहनीय योगदान से हायर सेकेंडरी तक की परीक्षा उत्तीर्ण करने में कल्याणकारी योजना सिद्ध रही है। मैनें यह भी देखा कि उनके अध्ययन केन्द्र उत्तीर्ण महिलाओं को शासन की बहु-आयामी योजनाओं से लाभान्वित हुई। जिसमें - आँगनवाड़ी कार्यकर्ता, सहायिका, रोजगार ग्राम सहायक व अन्य पदों पर जाने का सुनहरा अवसर मिला और शिक्षा से वंचित लोगों की लिए एक आशा रुपी किरण प्राप्त हुई। साथ ही महिला शिक्षा पर केंद्रित हो कर कढ़ाई, बुनाई कौशल प्रशिक्षण केंद्र खोलकर प्रशिक्षण प्रदत्त कर नवीन रोजगार से बुनियादी सुविधाओं व उच्च शिक्षा के

अवसर प्रदान किया। साथ ही क्षेत्रीय जल प्रबंधन ग्रहण समिति में अग्रणी भूमिका का परिचालन कर पर्यावरण संरक्षण में सराहनीय कार्य किया ।

श्री गौतम ने संत बनवारी दास महाविद्यालय की स्थापना :-

श्री गौतम की अनूठी पहल और अथक प्रयासों से क्षेत्र में शिक्षा का लोकव्यापीकरण करने हेतु 'उच्च शिक्षा के ओर अपना ध्यान केन्द्रित किया जिससे 'विश्वविद्यालय अनुदान आयोग' से मान्यता प्राप्त कर संत श्री वनवारी दास महाविद्यालय' की स्थापना सन 2011 में किया। उच्च शिक्षा हेतु क्षेत्र के युवक - युवातियों को एक सुनहरा अवसर खोल दिया, जिसमे राज्य शासन व केन्द्र शासन में कार्यरत कर्मचारी गण भी स्वाध्यायी छात्रों के रूप में स्नातक (बी.ए., बी.एससी, बी. कॉम, बी. बी.ए.), स्नातकोत्तर (एम. ए., एम. एससी, एम.कॉम, एम.फिल) पाठयक्रम में प्रवेश लेकर उच्च शिक्षा ग्रामीणांचलों के युवक-युवतियों ने लाभ प्राप्त कर अपने भविष्य को गढ़ने में सफलता प्राप्त की है। इतना ही नहीं इनके द्वारा व्यावसायिक पाठ्यक्रमों के संचालन जैसे - Bed, Ded BAMS, BP.Ed, चिकित्सा में श्री गौतम की भूमिका ग्रामीणांचल में रही है विद्यालय और महाविद्यालय में पाठ्यक्रम संचालित है।

अध्याय-16

प्रमुख यातायात के साधन

वर्तमान में ग्रामीण क्षेत्र में विविध साधनों के उपयोग की महती आवश्यकता है:-

1. बैलगाड़ी :-

बैलगाड़ी सदियों से एक प्राचीन परिवहन में से एक है आज भी उस परिवहन का प्रयोग सामान्यतः कई स्थानों में देखने को मिलता है जो भारतीय ग्रामीण समाज में यह जीविका उपार्जन का माध्यम है । वास्तव में ग्रामीण संस्कृति एवं बैलगाड़ी से तालमेल रखने वाली प्रचलित कहावत आज, भी ग्रामीण किसानों एवं बुजुर्गों के मुंह श्रवण की है:-

लिके लीक गाड़ी चले, लीके चले कपूत ।

लीक छोड़ तीन चले, सियार, सिंह और सपूत ।।

1.1 बैलगाड़ी यान की रचना

यह यान बहुत कम साधन में स्वयं, कारीगर व बढ़ई से तैयार कराकर, बैलगाड़ी तैयार कर ली जाती है, जिससे ग्रामीण जनो के लिए यह वाहन अल्प कीमत पर बन जाता है। निर्धन व्यक्ति भी इस साधन का प्रयोग कर लेता है। और जीविकोपार्जन के लिए बैलगाड़ी का स्वमित्व प्राप्त कर लेता है। जंगल में प्राप्त लकड़ी से- दो धुरे मोटे आकार की बल्ली का प्रयोग - 15 से 20 फुट के होते, जिसमें, एक एक्सल नमूना दो चक्रों में सबल या एक्सल का प्रयोग किया जाता है। इसकी तह बैठक बनाने के लिए लकड़ी की, पहियों का पटाव कर इस को बैठक दार' बना लिया जाता है। इसको दो किनारों में लकड़ी से दो लठ्ठ लगाकर खूँटी लगाकर बालकानी नमूना इस यान को बना लिया जाता है।

जिससे ढोने वाली या अन्य आवश्यक सामग्री सुरक्षित स्थान पर पहुंचाने का कार्य किया जाता है।

1.2 इतिहास

बैलगाड़ी नामक' यान के अविष्कारक जेम्स वाट को प्रमुख स्थान दिया गया है। जार्ज स्टीफेन्सन ने जेम्सबाट के वाष्प शक्ति के बल पर 1814 मे सर्वप्रथम इसका अविष्कार किया।

बैलगाड़ियों का उपयोग पारंपरिक रूप से परिवहन साधन के रूप में किया जाता रहा है, मुख्यतः भारत के ग्रामीण क्षेत्रों में। आज भी भारत के नगरों और ग्रामों में बैलगाड़ियां देखी जा सकतीं है। हाल ही के वर्षों में कुछ नगरों में इस परिवहन का उपयोग कृषि कार्य या मालवाहक के रुप में इस्तेमाल किया जाता है।

(2) पिक अप -

2.1 वाहन का परिचय :-

पिक अप ट्रक या पिकअप- एक हल्का माध्यम ड्यूटी का छोटा ट्रक होता है, जिसमें एक संलग्न केविन होता है। इसका पिछला सिरा कार्गो बेड से बना है, जो बिना छत वाली तीन कम दीवारों अर्थात चादर से घिरा होता है। पिक-अप में यह देख गया कि इसका पिछला भाग एक टेल गेट हटाने योग्य कवरिंग होती है।

2.2 ऐतिहासिक पृष्ठभूमि:-

पहला पिक-अप वाहन जिसे हम जानते `हेनरी फोर्ड' नामक व्यक्ति द्वारा 1925 में बनाया गया था। जिसमें कालांतर में अनेकानेक मॉडल तैयार किये गये है किन्तु पिक-अप जिसे छोटा`हाथी' के रूप में ग्रामीण आम-चाल भाषा में भी प्रयुक्त किया जाता है। यह एक अत्यंत सशक्त व मजबूत वाहन होता है। 1925 से लेकर आज, तक अनेकों मॉडलों को मार्केट में लॉन्च किए गए है।

2.3 पिक-अप का प्रयोग :-

इस यान का प्रयोग छोटे 2 व्यापारी, कृषकों, व श्रमिकों व सामान्य ग्रामीण जनों के द्वारा पिक-अप-यान का प्रयोग अपने रोजमर्रे या आकस्मात् कार्यों के लिए इसका प्रयोग किये जाने लगा है।

2.4 सकरी गालियों व कच्ची सड़कों में इस्तेमाल :-

पिक-अप-यान का प्रयोग लोगों द्वारा प्राय: देखा जाता है, ग्रामीण क्षेत्र में बसाहट में गली या सड़क सकरी गांवो में पायी जाती है।इसकी आकृति छोटे आकार होने के कारण उन सकरी गलियों में प्रवेश कर, सामग्री ढोने में सुविधा जनक माना जाता है। इसके बाहन का प्रयोग, विविध प्रकार के समान ढोने के लिए किया जाता है।

2.5 पिक-अप-यान में सस्ता किराया होता है:-

पाठकों, यह यान ग्रामीण जनों की पहली पसंद इसलिए है क्योंकि इसकी लघु संरचना का मुख्य कारण है। आम लोगों द्वारा समान ढोने का लाभ कम से कम समान में भी किया जाता है इसमें अन्य वाहनों की अपेक्षा कम किराया लोगों को देना पड़ता है और गतिशील तरीके से कार्य संपादित करने में सक्षम होता है।

2.6 समय की बचत :-

पिक-अप-यान् का प्रयोग करने से समय की बचत भी होती है।क्योकि यह ग्रामीण क्षेत्र में 40 से 50 किलोमीटर की गति से गमन करता है।

2.7 पिक-अप-यान कृषि कार्यो में :-

इस यान का प्रयोग कृषि-कार्य में अधिकतम किया जाता है। बीज, खादय, घास, लकड़ी, तार, बाड़ी हेतु आवश्यक सामग्री दुर्गम-मार्ग ले जानें में प्रयोग किया जाता ।

सारांशीकरण :-

उक्त विश्लेषण स्पष्ट है कि गांवों में इसका का प्रयोग अत्यंत महत्वपूर्ण व उपयोगी है ग्रामीण जनों की यह पहली पसन्द है अत्याधुनिक युग में इसके बहुत फायदे है हानि इसमें अल्प मात्र प्रतीत होती हैं।

3. ट्रैक्टर (कर्षित)

3.1 परिचय

गाँवों एवं शहरों ट्रेक्टर (कर्षित्र) का आधुनिक कृषि के उपयोग में आने वाला प्रमुख परिवहन के रूप उपयोग किया जाता है। यह एक ऐसा यान है जो कम चाल पर अधिक कर्षण बल (ट्रेक्टिव-इफर्ट) प्रदान करने के लिए डिजाइन की गई होती।

3.2 कार्य:-

यह अपने पीछे जुड़े हुए कृषि उपकरण, समान लदी ट्राली आदि खींचने कार्य करता है। इसके उपर ऐसे कृषि उपकरण लगाये जाते है, जिन्हें ट्रैक्टर से प्राप्त शक्ति से चलाया जाता है। ट्रेक्टर के प्रमुख कार्यों का विवरण अधोलिखित :-

1. जमीन को जोतना।

2. बीज डालना।

3. पौधे लगाना।

4. फसल लगाना

5. फसल काटना की गहाई (थ्रेशिंग) करना ।

6. जलपंप करना

7. लकड़ी चीरना, इत्यादि कार्यों ।

ट्रेक्टर (कर्षित्र) का प्रयोग ग्रामीणांचल अन्य तरीके से किया जा रहा है, जिसमें छोटे और बड़े लोग प्रायः इसका प्रयोग करते है।

इम यान का प्रयोग- दुर्गम मार्ग कच्ची सड़क पक्की सड़क, समतल मार्ग पहाड़ी पर किया जाता है। यह परिवहन सुविधाजनक होता है।

3.2 परिवहन का गमन स्थिति:-

कच्ची सड़क ट्रेक्टर (कर्षित्र) का प्रयोग ग्रामीण अंचल परिवहन के रूप में सशक्त माध्यम है। आधिकतम गांवों का निवास सुविधा विहीन रहता है। उपयुक्त मार्ग का अभाव रहता है। कच्ची सड़क पर भी इस 'वाहन को सरलता पूर्वक तरीके से चलाया जाता है।

3.3 समतल मार्ग में परिवहन :-

इस यान की गति (स्पीड'), 30 से 40 कि० में गमन कराया जा सकता समतल मार्ग, पक्की सड़कों पर तेज गति से गमन करता है।

3.4 पहाड़ी क्षेत्रों में

ट्रेक्टर (कर्षित्र) का प्रयोग पहाड़ी क्षेत्रों में किया जाता है। जहां की प्राकृतिक संरचना, ऊंचे-नीचे पहाड़ी व ढलान क्षेत्रों में, इसकी मजबूत संरचना परिवहन करने पर सुविधाजनक तरीके से कार्यों का निपटान करने में सरलता होती है।

पाठकों, वास्तव में इस यान का प्रयोग विविध कठिन स्थितियों में भी सुगमता पूर्वक ढंग से इस परिवहन का प्रयोग किया जाता है।

4. ऑटो :-

यह व्हीकल वर्तमान में अत्यंत प्रचलित है कम दूरी सवारी को ले जाने के लिए अत्यंत महत्वपूर्ण उपयोगी है। जिससे यात्रियों को सुगमता महसूस होती है जो परिवहन की लिए ग्रामीण जनों का सुलभ साधन है।

5. कार :-

कार वाहन यातायात की दृष्टि से अत्यंत सुगम परिवहन है जिसको लोग आवश्यकता अनुसार इस व्हीकल का प्रयोग करते है।

6. बस :-

इस वाहन का प्रयोग आमतौर में ग्रामीण क्षेत्रों में ही नहीं सभी क्षेत्रों में किराए पर पूंजीपति साधन वाले व्यक्ति व्यापार के रूप में इस वाहन को चलवाने का कार्य करते है आमजन मानस के लिए यह वाहनपरिवहन की दृष्टि अत्यंत सुगम है।

7. साइकिल:-

यह यान भारत ही नहीं पूरे विश्व इतिहास में अविस्मरणीय योगदान रहा है आज के समय भी सभी स्कूली बच्चों का प्रिय व उपयुक्त वाहन है। जिसका उपयोग 90 प्रतिशत से अधिकत बच्चों द्वारा किया जाता है ।

साइकिल का इतिहास 19वीं सदी के शुरुआत में यूरोप में शुरू हुआ, और इसका आविष्कार कार्ल वॉन ड्रैस द्वारा किया गया था। उन्होंने 1817 में "ड्रैसियन" नामक एक दोपहिया वाहन का आविष्कार किया था, जो पैरों से आगे बढ़ाया जाता था।इस आविष्कार को "डैंडी चार्जर" या "हॉबी हॉर्स" के नाम से भी जाना जाता था।

1830 के दशक में, किर्कपैट्रिक मैकमिलन ने एक ऐसा वाहन बनाया जिसमें पेडल लगे थे, जिसे "वेलासिपीड" कहा जाता था। 1860 के दशक में, पेरिस में सामने के पहिये पर पेडल लगाकर एक और वेलोसिपीड बनाया गया, जिसे "बोशकर" कहा जाता था। 1870 के दशक में, चेन ड्राइव का आविष्कार हुआ, जिससे साइकिल चलाना और भी आसान और आरामदायक हो गया. 1885 के आसपास, चेन ड्राइव वाली पहली साइकिल विकसित की गई, जिसे "सेफ्टी साइकिल" कहा जाता था।

जिसे बाइक या बाइसाइकल भी कहा जाता है, एक मानव-चलित या मोटर-चालित, पैडल-चलित, एकल-ट्रैक वाहन है, जिसमें दो पहिए एक फ्रेम से जुड़े होते हैं, एक के पीछे एक। साइकिल सवार को साइकिल चालक कहा जाता है।

चीनी फ्लाइंग पिजन, न केवल विश्व की सबसे प्रसिद्द साइकिल मॉडल है, बल्कि किसी भी प्रकार के वाहन का सबसे प्रसिद्द मॉडल है।

19 वीं शताब्दी में यूरोप में साइकिल की शुरुआत की गई थी, और 21 वीं सदी की शुरुआत में, एक समय में 1 अरब से अधिक अस्तित्व में थे। ये संख्या कारों की संख्या से अधिक है, दोनों कुल और उत्पादित व्यक्तिगत मॉडल की संख्या से क्रमबद्ध हैं। वे कई क्षेत्रों में परिवहन के प्रमुख साधन हैं। वे मनोरंजन का एक लोकप्रिय रूप भी प्रदान करते हैं, और बच्चों के खिलौने, सामान्य फिटनेस, सैन्य और पुलिस अनुप्रयोगों, कूरियर सेवाओं, साइकिल रेसिंग और साइकिल स्टंट के रूप में उपयोग के लिए अनुकूलित किए गए हैं।

8. मोटरसाइकिल :-

आधुनिक युग में मोटर साइकिल युवकों की बेहद पसंद है जो अत्यन्त उपयोगी के साथ-साथ परिवहन का मुख्य साधन का रूप ले रहा है ।

8.1 मोटर साइकिल" शब्द की उत्पत्ति:-

"मोटरसाइकिल" शब्द की उत्पत्ति "मोटर" (Motor) और "साइकिल" (Cycle) शब्दों को मिलाकर हुई है. "मोटर" का मतलब है इंजन और "साइकिल" का मतलब है दो पहियों वाला वाहन। मोटर साइकिल की उत्पत्ति 1885 में हुई, जब गोटलिब डेमलर और विल्हेम मेबैक ने जर्मनी में पहली मोटरसाइकिल बनाई। इसे डेमलर रीथवागन नाम दिया गया था और यह एक गैसोलीन इंजन द्वारा संचालित था।

8.2 मोटर साइकिल का अविष्कारक :-

डेमलर को अक्सर मोटर साइकिल का अविष्कारक माना जाता है।

8.3 मोटरसाइकिल का विकास:-

मोटर साइकिल का विकास विगत कई वर्षों में हुआ, जिसमें इंजन, डिज़ाइन और प्रदर्शन में काफी सुधार हुए।

9. रेलगाड़ी :-

ट्रेन को हिंदी में "रेलगाड़ी" या "लौह पथ गामिनी" कहते हैं। "रेलगाड़ी" एक आम और सरल शब्द है, जबकि "लौह पथ गामिनी" का अर्थ है लोहे के रास्ते पर चलने वाली गाड़ी है। जो लंबी दूरी की यात्रा उपयुक्त परिवहन का साधन है।

आज, मोटर साइकिल विविध मॉडल में उपलब्ध हैं, जिनमें स्पोर्ट बाइक, टूरिंग बाइक, क्रूजर बाइक और अन्य शामिल हैं।

इस प्रकार विभिन्न परिवहन का प्रयोग जैसे बैलगाड़ी, पिकअप, ट्रैक्टर, कार, ऑटो, बस, साइकिल, मोटर साइकिल, रेलगाड़ी अन्य व्हीकल इत्यादि का परिवहन के रूप में उपयोगी है।

www.ingramcontent.com/pod-product-compliance
Lightning Source LLC
LaVergne TN
LVHW050855051026
849532LV00006BA/2262